Mastering Russian through Global Debate

**Mastering Languages
through Global Debate**

Mastering English through Global Debate
Mastering Russian through Global Debate
Teaching Advanced Language Skills through Global Debate:
  Theory and Practice

Mastering **Russian**
through Global Debate

Мировые дебаты: **русский**
язык на продвинутом уровне

Tony Brown

Tatiana Balykhina

Ekaterina Talalakina

Jennifer Bown

Viktoria Kurilenko

Тони Браун
Татьяна Балыхина
Екатерина Талалакина
Дженнифер Баун
Виктория Куриленко

Georgetown University Press | Washington, DC

Library of Congress Control Number: 2014953679

Mastering Russian through global debate/Tony Brown, Tatiana Balykhina, Edaterina Talalakina, Jennifer Bown, and Victoria Kurilenko

ISBN 978-1-62616-088-0 (paperback)

∞ This book is printed on acid-free paper meeting the requirements of the American National Standard for Permanence in Paper for Printed Library Materials.

21 20 19 18 17 16 15 14   9 8 7 6 5 4 3 2   First printing

Printed in the United States of America

Text design by click! Publishing Services
Cover design by Martha Madrid Design Studio
Cover image © Franek Strzeszewski/Corbis

*Тем, кто в разных уголках земного шара
изучает иностранные языки и стремится
в дебатах обрести истину, посвящается.*

СОДЕРЖАНИЕ

ПРЕДИСЛОВИЕ

Любой предмет тем интереснее, легче и полезнее, чем лучше учебник, по которому студент его изучает.

Перед вами учебник, который совсем не похож на скучные пособия по грамматике иностранного языка. Он даже называется необычно—*Mastering Russian through Global Debate*. Вместо сводов правил в нём даётся материал для рассуждений на шесть злободневных тем, которые волнуют сегодня человечество. Он учит не тому, как устроен русский язык, а тому, как им пользоваться в диспуте.

Здесь русский язык предстаёт вполне адекватным, мотивированным и естественным инструментом для выражения мыслей—не хуже и не труднее всякого другого языка.

В. Г. Костомаров
Президент Государственного института русского языка имени А.С. Пушкина

БЛАГОДАРНОСТЬ

Авторы выражают благодарность Сергею Капитонову за предоставленные статьи.

Авторы благодарны Резникову Дмитрию и Козловской Екатерине за запись подкастов, Джумаевой Регине за помощь в организационных и технических вопросах.

Спасибо Якушевой Ирине Владимировне, заведующей кафедрой иностранных языков Национального исследовательского университета Высшая школа экономики (ВШЭ), Москва, Россия, за предоставление площадки для тестирования материалов данной книги посредством видео-конференций с американскими студентами из Университета Бригама Янга (УБЯ), Прово, Юта, США. Также благодарим ректорат ВШЭ за создание открытой образовательной среды, в которой воплощение в жизнь данного международного проекта стало возможным. Спасибо Кристи Стюарт, сотрудникам редакторского центра УБЯ и сотрудникам редакторского отдела Издательства Джорджтаунского Университета—Дэвиду Николсу, Дэборе Вайнер и Гленн Салтсман.

Авторы выражают благодарность коллегам из УБЯ, в частности Джону Розенбергу, декану факультета гуманитарных наук, и Рейю Клиффорду, директору центра по изучению языков, за поддержку этого проекта с его зарождения до его реализации в форме учебника. Спасибо Мелу Смиту и Харолду Хендриксу из отдела технического сопровождения. Благодарим Виталия Садовского, Александру Браттос, Аиду Аббасову за запись аудиофайлов и Николаса Ламбсона за их обработку. Спасибо Анне Гаврилюк и Ольге Ухара за помощь в разработке материалов.

Учебник *Mastering Russian through Global Debate* рассчитан на студентов, которые изучают русский язык как иностранный на продвинутом уровне по шкале Американских советов по обучению иностранным языкам. Таким образом, материал книги призван помочь студентам перейти на профессиональный уровень владения русским языком.

Чтобы перейти с продвинутого уровня на профессиональный, учащимся необходимо научиться обсуждать абстрактные темы, выражать свое мнение и подкреплять его аргументами, строить гипотезы и уметь пользоваться специальной лексикой по острым проблемам современности. Развить эти умения позволяет формат дебатов. Темы для обсуждения, которые представлены в книге *Mastering Russian through Global Debate,* включают в себя следующие спорные вопросы: экономика или экология, интервенция или невмешательство, перераспределение богатства или самообеспечение, культурное единство или многообразие, свобода или безопасность, высшее образование или практический опыт. Эти проблемы должны заинтересовать взрослую аудиторию изучающих русский язык.

Структура учебника

Учебник *Mastering Russian through Global Debate* содержит шесть глав, каждая из которых начинается с подготовительных упражнений, которые призваны ввести учащихся в проблему и активизировать их фоновые знания по теме. Упражнения позволяют учащимся сформировать собственное мнение по теме, прежде чем они приступят к ее изучению на материале статьи, которая лежит в основе каждой главы.

Статьи в каждой главе написаны носителями русского языка. Это неадаптированные тексты, которые представляют собой аутентичный языковой материал. Каждая статья содержит обзор проблемы с главными аргументами обеих сторон и сопровождается вопросами на общее понимание.

Одним из самых важных компонентов каждой главы являются лексические упражнения, направленные на тренировку правильного использования словосочетаний по теме. Данные словосочетания были выделены в представленных статьях при помощи корпуса русского языка по принципу частотности их употребления носителями. Также в самих упражнениях студенты часто отсылаются к корпусу для того, чтобы увидеть все разнообразие контекстов, в которых можно использовать изучаемые слова. Наконец, студентам предлагается ряд творческих заданий на включение изучаемых словарных единиц в собственную речь.

После изучения самой проблемы и необходимой для ее обсуждения лексики, студенты переходят к подготовке непосредственно к дебатам. В разделе «Построение критического дискурса» предлагаются упражнения, направленные на развитие умения построения гипотез—ключевого умения на профессиональном уровне владения языком. Для активизации данного умения предлагается ролевая игра, которая позволяет употребить его в живой речи.

В разделе «Аудирование» учащимся предлагается ряд записей дебатов по теме. Записи содержат материал, позволяющий услышать, как носители русского языка употребляют те или иные речевые обороты, приводят доказательства в поддержку своего аргумента, спорят с собеседником.

Заключительные разделы «Построение аргументации: практика речи» и «Построение аргументации: письмо»—это кульминация каждой главы, где учащимся предлагается применить все полученные знания на практике. После того, как учащиеся знакомятся с конкретными стратегиями ведения дебатов и приемами написания эссе, им предлагается перейти от теории к практике и попробовать себя в деле—принять участие в дебатах и написать эссе, отражающее собственную позицию по проблеме.

Данная книга может быть использована как в качестве основы для самостоятельного курса, так и в качестве дополнительного материала.

РЕКОМЕНДАЦИЯ ПО ИСПОЛЬЗОВАНИЮ ДОПОЛНИТЕЛЬНЫХ РЕСУРСОВ

В дополнение студентам предлагается *Аудио-приложение* к учебнику «Мировые дебаты: русский язык на продвинутом уровне», которое включает в себя две аудио-записи к каждой главе: аудио-запись основной статьи и дебаты по теме. Транскрипты дебатов также входят в *Аудио-приложение*. В тексте книги специальные значки указывают, когда студентам следует обратиться к *Аудио-приложению*, которое находится в бесплатном доступе в разделе «Материалы для учителя» на сайте Издательства Джорждтаунского Университета: press.georgetown.edu /Georgetown/instructors_manuals.

В книге также содержится значок, который указывает на бесплатный Интернет ресурс: http://corpus.leeds.ac.uk/ruscorpora.html. Ресурс представляет из себя Национальный корпус современного русского языка, разработанный специалистами из Университета Лидса. Эта информационно-справочная система, основанная на собрании русских текстов в электронной форме, охватывает 500 миллионов слов.

Преподаватели также могут обратиться к «Материалам для учителя», которые доступны на сайте Издательства Джорджтаунского Университета: press.georgetown .edu/Georgetown/instructors_manuals. Этот раздел также содержит *Ключи к упражнениям*. Наконец, мы рекомендуем преподавателям электронную книгу на английском языке авторов Tony Brown and Jennifer Bown под названием *Teaching Advanced Language Skills through Global Debate: Theory and Practice*, которую можно приобрести в Издательстве Джорждтаунского Университета или у других распространителей электронных книг.

СПИСОК СОКРАЩЕНИЙ, ИСПОЛЬЗОВАННЫХ В ТЕКСТЕ

абз.	абзац
англ.	английский язык
АЭС	Атомная электростанция
ВВП	валовой внутренний продукт
г.	год
г.	город
греч.	греческий язык
долл.	доллары
ЕС	Европейский союз
ИЭП	Институт экономической политики
КНДР	Корейская Народно-Демократическая Республика
КНР	Китайская Народная Республика
МВД	Министерство внутренних дел
МВФ	Международный Валютный Фонд
млн.	миллионов
напр.	например
НАТО	Организация Североатлантического договора
негат.	негативно
ООН	Организация Объединенных Наций
ОЭСР	Организация экономического сотрудничества и развития
разг.	разговорный стиль
РАН	Российская академия наук
рус.	русский язык
РФ	Российская Федерация
СБ	Совет Безопасности
син.	синоним
см.	смотри
СМИ	средства массовой информации
СНГ	Содружество Независимых Государств
СССР	Союз Советский Социалистических Республик
сущ.	существительное
США	Соединенные Штаты Америки
т.д.	так далее
т.е.	то есть
ТНК	транснациональные корпорации
трлн.	триллион
ФСБ	Федеральная служба безопасности России

УРОК

1

Экономика или экология

«Экономический рост:

угроза экологии или панацея от бед?»

Подготовка к чтению

Введение в проблему

A. Посмотрите на фотографии и соответствующие им заголовки. Обсудите в парах следующие вопросы:/Look at the pictures and their corresponding titles. Discuss the following questions in pairs:[1]

  1. Что вы знаете о каждом из этих событий? Когда и где это случилось?

  2. Как вы считаете, эти катастрофы природные или антропогенные (вызванные действиями человека)? Аргументируйте свою позицию, определяя причину каждой катастрофы.

  3. Существуют ли подобные проблемы окружающей среды в вашей стране?

От разлива нефти погибает больше 8 тысяч животных

Глобальное потепление является угрозой для белых медведей

Сотни полётов были отменены из-за сильного тумана (Credit: "Beijing Smog" by Kevin Dooley from Chandler, AZ, US)

Взрыв на атомной станции распространяет в воздухе радиацию (Credit: By Digital Globe)

---

1. Instructions in Unit 1 appear in Russian and English; however, English translations do not appear in subsequent units.

B. В слове экология компонент oikos (греч.) обозначает дом, родину. Как с помощью этих понятий вы могли бы определить задачи экологии как науки и ее современную миссию?/The word "ecology" comes from the Greek "oikos," which denotes "home" or "homeland." With the help of these concepts, how might you define the role of ecology as a science and its modern function?

C. Исходя из заглавия статьи «Экономический рост: угроза экологии или панацея от бед?», составьте список проблем, которые могут в ней обсуждаться./Based on the title of the article "Economic growth: A threat to the environment or a panacea from woes?," compile a list of problems that might be discussed in the text.
   1. проблема загрязнения окружающей среды
   2. проблема экономического роста страны
   3. _____
   4. _____
   5. _____
   6. _____

Создание тематических карт

A. Вспомните как можно больше слов, относящихся к темам экологии и экономики. Распределите эти слова так, чтобы показать логические связи между ними по следующему образцу./Brainstorm as many words as you can think of associated with the topic of ecology and economy. Arrange these words in order to show logical connections between them in the following way.

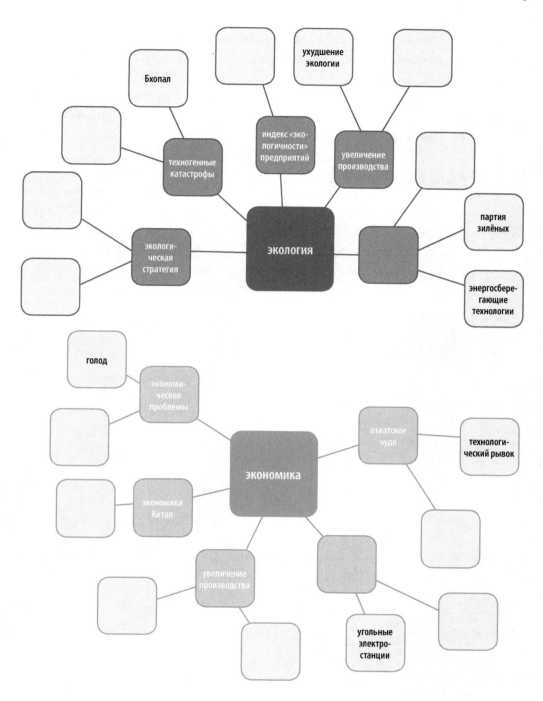

B. Дополните свои тематические карты, сравнив их с картами одногруппников.
После заполнения каждой из двух карт определите точки их соприкосновения:
в каких аспектах вопросы экологии и экономики пересекаются?/Compare your
maps with those of your classmates to generate additional ideas. After completing each
of the two maps, decide which topic areas can help bridge the gap between the two
maps. In other words, which issues concerning environment and economy intersect?

C. Соотнесите производные слова от слов *экология* и *экономика* с (1) их значениями и (2) словами, с которыми они могут использоваться в словосочетаниях.
Постройте предложения, используя, как минимум, одно словосочетание в
каждом./Match words derived from *ecology* and *economy* with 1) their meanings,
and 2) words with which they can be used to create word combinations. Construct
sentences using at least one word combination in each.

       Пример: Экологическая политика не всегда экономически выгодна.

Определение	Однокоренные слова	Компоненты словосочетаний
1. относящийся к природной среде, к среде обитания всего живого	a. экологичный	A. политика
2. материальный, денежный, связанный с материальным благосостоянием	b. экономический	B. технология
3. не оказывающий вредного влияния на природу, живую среду	c. экономически выгодный	C. производсто
4. дающий хорошую прибыль в соотношении с потраченными деньгами, временем и усилиями	d. экологический	D. стратегия
5. бережливо расходующий что-либо	e. экономный	E. человек

Обсуждение фактов и мнений

A. Как вы считаете, какое из этих утверждений соотносится с общепринятыми мнениями об экономике и экологии в вашей стране? Объясните свой ответ./ What do you think? Which of these claims reflects generally accepted views on the economy and the environment in your country? Explain your answer.

- Развитие экономики необходимо для решения обостряющихся экологических проблем.
- Состояние окружающей среды, а также качественный уровень использования, охраны и воспроизводства ее ресурсов во многом определяют темпы экономического роста и эффективности производства в целом.
- Целесообразно включить природные ресурсы в национальное богатство страны наряду с накопленными производственными и непроизводственными фондами.
- Недооценка природных ресурсов и экологического ущерба ведет к искажению показателей экономического развития и прогресса.

Изучение проблемы

Чтение статьи

A. Прочитайте статью «Экономический рост: угроза экологии или панацея от бед?». Заполните таблицу, выписав аргументы, представленные в тексте. Дополните таблицу своими собственными аргументами./Read the article "Economic growth: a threat to ecology or a panacea from woes?" Fill in the table by writing out arguments presented in the text. Add your own arguments to the table.

Охрана окружающей среды важнее экономического роста	Экономический рост важнее охраны окружающей среды
•	•
•	•
•	•
•	•
•	•
•	•
•	•
•	•
•	•

B. 🎧 Проверьте произношение новых слов, прослушав Аудиозапись 1.1./Check the pronunciation of new words by listening to Audio Recording 1.1.

Экономический рост: угроза экологии или панацея от бед?
Сергей Капитонов

Природа не признает шуток, она всегда правдива,
всегда серьезна, всегда строга; она всегда права;
ошибки же и заблуждения исходят от людей.
Иоганн Вольфганг фон Гёте

Разумное управление нашим большим домом—планетой Земля—невозможно без правильной экологической стратегии. Экономика и экология не просто созвучные слова—это тесно связанные реалии. Новые индустриальные страны наращивают темпы промышленного развития, тем самым повышая благосостояние населения, комфорт жизни. В то же время увеличение объёмов производства неизбежно приводит к ухудшению экологии. В такой ситуации справедливо встаёт вопрос о том, что же важнее: сегодняшнее развитие экономики и бизнеса или забота о будущем, ведь вряд ли кому-то будут нужны достижения постиндустриальной цивилизации на мёртвой земле.

На наших глазах произошло «азиатское чудо»: менее чем за полвека Китай и Индия совершили такой технологический рывок, на который остальным государствам потребовались столетия. Совершенствуя национальную промышленность, создавая благоприятный инвестиционный климат, беднейшие государства получают средства, которые можно направить на строительство школ или больниц. И вот уже житель ангольской деревни расплачивается кредитной картой за автомобиль или услуги дантиста. Итак, польза экономического роста очевидна. Но всё ли так просто?

1984 год. Бхопал—печально известный город в центральной Индии. Применение современных химикатов позволило индийским крестьянам существенно увеличить урожай и снизить острую проблему голода . . . Ранним утром 3 декабря 1984 года на химическом заводе Union Carbide, производящем удобрения, произошел взрыв и выброс в атмосферу ядовитых паров, которые в первые часы трагедии привели к смерти трёх тысяч человек. Стремительное ухудшение экологической ситуации довело количество жертв до 18 тысяч.[1] Интересно поведение компании, которая намеренно не называла состав отравляющего вещества, чтобы не разгласить коммерческую тайну. Это увеличило количество жертв, так как врачи не могли подобрать эффективное лечение.

С одной стороны, вышеприведённый пример показывает всю опасность безответственного отношения ТНК к своей деятельности, с другой— именно транснациональные компании являются катализатором экономического роста. Развитие экономики необходимо, особенно если принимать во внимание то, что каждый шестой житель Земли сегодня живёт за чертой бедности, без доступа не только к последним достижениям цивилизации, но и к её простейшим благам. Трудно представить, но в то время как XXI век шагает по планете уверенной высокотехнологичной поступью, многие страны напрямую сталкиваются с угрозой голода. Уровень детской смертности в некоторых государствах «чёрного континента» сопоставим с показателями западного мира двухвековой давности.[2] Неконтролируемая рождаемость вместе с архаичностью внутреннего уклада и недостаточным экономическим развитием создают катастрофическую ситуацию, когда людям приходится довольствоваться 1 долларом в день. Единственным спасением беднейших государств является надежда на экономический рост, напрямую зависящий от устойчивого развития энергетики.

С другой стороны, одна из главных проблем как стремительно растущих экономик, так и международного частного бизнеса—получение большого количества энергии по низкой цене. Но погоня за прибылью при наименьших затратах приводит к экологическим катастрофам. Так, взрыв нефтяной платформы в Мексиканском заливе в 2010 году—одна из крупнейших в мировой истории техногенных катастроф. Произошла утечка нефти, загрязнившей многие мили побережья.

Значительная площадь залива была закрыта для промысловой деятельности. Основные же ошибки, приведшие к аварии, имели экономические причины. В погоне за снижением издержек транснациональным компаниям нередко приходится жертвовать безопасностью, пренебрегать экологическими последствиями, что неизбежно приводит к колоссальным убыткам и ухудшению экологической ситуации.

Загрязнение окружающей среды имеет глобальные масштабы, тем не менее, экологических проблем меньше в развитых странах. На экономическое развитие передовых государств всё большее влияние оказывает ответственная экологическая политика: развитие возобновляемых источников энергии, использование энергосберегающих технологий. Более того, в парламентах Германии и Великобритании присутствуют партии «Зелёных», реально влияющие на стратегии развития стран. Составляются рейтинги «экологичности» компаний, которые вынуждены прислушиваться к голосу общественности: если и не предпринимают реальных шагов, то хотя бы «надевают маску».

В развивающихся странах экологические проблемы на порядок острее. Так, города Китая, Индии и СНГ занимают львиную долю в списке самых загрязнённых. Быстрый рост промышленного производства в сочетании с низким технологическим уровнем предприятий поставили Китай на грань экологической катастрофы. Ежегодно ущерб от ухудшения экологической обстановки стоит стране до 8% ВВП.[3] Несмотря на серьёзные усилия, предпринимаемые китайскими властями, экология ухудшается. Система охраны окружающей среды построена так, что реальных стимулов для сокращения загрязнения у хозяйствующих субъектов нет. За охрану окружающей среды отвечают местные власти, но они же отвечают и за экономический рост, что создаёт прямое противоречие. Работники китайских предприятий заинтересованы в сохранении рабочих мест, а потребители всего мира—в приобретении товаров китайского производства. Однако производство этих товаров наносит серьёзный ущерб окружающей среде, ухудшая качество жизни и производителей, и потребителей. Развивающиеся страны рассматривают природную среду, прежде всего, как объект эксплуатации в интересах экономического роста, создавая производства, на которых экономят практически на всем, что, безусловно, негативно влияет на экологию.

Как и другие страны, Россия стремится к экологической ответственности. Но, в то время как первые лица государства участвуют в рейтинговых экологических инициативах, ряд государственных органов проводит антиэкологическую политику. Более того, забота об экологии иногда является лишь ширмой для продавливания определённых интересов. Так, в единственном

нефтегазовом проекте, финансируемом зарубежными инвесторами на шельфе Сахалина, экологическая экспертиза стала инструментом государства для захвата контроля над проектом.[4]

Примером безответственного отношения к экологии являлась и программа экономического развития СССР. Задачей первостепенной важности стала электрификация всей страны— строительство гидроэлектростанций, источника наиболее дешёвой энергии. При этом иногда затапливались территории площадью в небольшие европейские государства. Но главным бичом экологии СССР стали тысячи угольных электростанций, загрязняющих атмосферу вредными выбросами. Исправление этих ошибок требует серьёзных экономических затрат.

Итак, мы видим, что экономический рост неизбежно приводит к ухудшению экологии, что, в свою очередь, вызывает убытки. И затраты тем больше, чем интенсивнее борьба с причиненным ущербом. Новые индустриальные страны в своём стремительном экономическом развитии уже стали заложниками ситуации, когда в целях повышения уровня жизни населения делается ставка на ускоренный рост экономики, который, однако, замедляется из-за сопутствующих экологических проблем. Развитые страны осознали эту взаимосвязь, а быстро растущим экономикам это ещё только предстоит. У беднейших стран ещё есть возможность выбора стратегии

развития. Удивительно, но экономически отсталые государства в будущем
могут стать примерами здравой политики экономического роста в гармонии с окружающей средой. Западная
цивилизация загрязнила планету, подав

порочный пример нынешним локомо-
тивам мирового развития. Но в наших
силах показать иной пример странам,
которые в своем развитии пока стоят на
ступень ниже.

Литература

1. Митюнин А. «Хиросима химической инду-
стрии», 2005 http://zhurnal.lib.ru/m/mitjunin
_a/hir.shtml
2. UNICEF Levels and Trends in Child Mortality
2011
3. The World Bank "Cost of Pollution
in China," February 2007 http://www
.google.ru/url?sa=t&rct=j&q=cost%20of
%20pollution%20in%20china&source
=web&cd=1&ved=0CCgQFjAA&url
=http://siteresources.worldbank.org
/INTEAPREGTOPENVIRONMENT

/Resources/China_Cost_of_Pollution.pdf
&ei=4-6zTsX8CayQ4gT50N3CAw&usg=
AFQjCNGrWvw0zxeB5HXap0bcsPcLUkx09A
&cad=rjt
4. Bradshaw M. "Battle for Sakhalin," November
2006 http://www.google.ru/url?sa=t&rct=j&
q=battle%20for%20sakhalin&source=web&
cd=2&ved=0CDEQFjAB&url=http%3A%2F
%2Fwww.geog.le.ac.uk%2Fstaff%2Fmjb41
%2Farticles%2FBattle_for_Sakhalin.pdf&ei=
--yzTom6DsTs-gbZsoGFBg&usg=AFQjCNFm
2H0rHjSguASi2smcXiYZRH6DSA&cad=rjt

Проверка понимания

A. Определите, какие из следующих утверждений являются верными, а какие нет,
основываясь на информации из текста. Исправьте неверные высказывания./
Determine which of the following claims are true and which are not based on information from the text. Correct the false statements.

1. Правильная экологическая стратегия никак не взаимосвязана с разумным
управлением нашим большим домом—планетой Земля.
2. Инвестиции в экономику беднейших стран приводят к повышению уровня
жизни населения таких стран.
3. Управляющие завода Union Carbide в городе Бхопал (Индия) намеренно не
называли состав отравляющего вещества после взрыва, опасаясь, что эта
информация попадёт в руки конкурентов.
4. Деятельность транснациональных компаний играет существенную роль
в экономическом развитии многих государств и может решить проблемы
голода, бедности и смертности.
5. Основные ошибки, приведшие к аварии в Мексиканском заливе в 2010 году,
имели экономический характер: управляющие платформой не хотели платить дополнительные экологические сборы.

6. Главной причиной экологической безопасности в развитых странах является составление рейтингов «экологичности» компаний.

7. Одной из проблем системы охраны окружающей среды в Китае является то, что за охрану окружающей среды отвечают местные власти, но они же отвечают и за экономический рост.

8. Надеждой на улучшение состояния окружающей среды в Китае является тот факт, что работники китайских предприятий больше заинтересованы в сохранении окружающей среды, чем своих рабочих мест.

9. Забота об экологии в России иногда является лишь прикрытием для продавливания определённых интересов.

10. Последствием строительства гидроэлектростанций в СССР, источника наиболее дешёвой энергии, стало затопление территорий площадью в небольшие европейские государства.

11. По мнению автора, главным бичом экологии СССР стали тысячи атомных электростанций, загрязняющих атмосферу вредными выбросами.

12. Автор считает, что исправление ошибок, связанных с загрязнением экологии, не требует серьёзных экономических затрат.

13. Согласно тексту, не существует никакой взаимосвязи между экономическим ростом и экологией.

14. Ускоренный рост экономики в развитых странах замедляется из-за сопутствующих экологических проблем.

15. Согласно тексту, экономически отсталые государства в будущем не могут стать примерами политики сохранения окружающей среды и экономического роста.

B. *Дополните следующие предложения, основываясь на информации из текста./ Complete the following sentences based on information from the text.*

1. В связи с увеличением промышленного производства и ухудшением экологии возникает вопрос: . . .

2. Количество жертв аварии на химическом заводе в г. Бхопал в 1984 году могло бы быть меньшим, если бы . . .

3. Основные ошибки, приведшие к утечке нефти в Мексиканском заливе в 2010 году, заключались в том, что . . .

4. Примерами ответственной экологической политики в развитых государствах могут служить . . .

5. Экономически отсталые государства в будущем могут стать примерами здравой политики, так как . . .

Освоение лексики

Активная лексика	
Экономика и экология	**Общая лексика**
1. возобновляемые источники энергии	1. глобальный масштаб
2. выброс ядовитых/вредных паров в атмосферу	2. делать ставку на что-либо
3. жить за чертой бедности	3. задача первостепенной важности
4. загрязнять планету	4. львиная доля
5. индустриальные страны	5. наносить серьезный ущерб чему-либо
6. использовать энергосберегающие технологии	6. напрямую зависеть от чего-либо
7. охрана окружающей среды	7. неизбежно приводить к чему-либо
8. повышать благосостояние населения	8. оказывать влияние на что-либо
9. погоня за прибылью	9. острая проблема чего-либо
10. создавать благоприятный инвестиционный климат	10. печально известный
11. сохранять рабочие места	11. предпринимать реальные шаги
12. увеличивать объемы производства	12. принимать во внимание что-либо
13. утечка нефти	13. прислушиваться к голосу кого-либо
14. экологические/техногенные катастрофы	14. прямое противоречие
15. экономическое(ий) развитие/рост	15. сталкиваться с угрозой чего-либо

Расширение словарного запаса

A. Закончите тематические карты, созданные в первой части, используя активную лексику./Using active vocabulary items, complete the mind maps created in Part 1.

B. Установите соответствие слов (левая колонка) их значениям (правая колонка)./ Match the words in the left-hand column with their corresponding meanings in the right-hand column.

1.	катастрофа	a.	опасность, а также обещания причинить кому-нибудь неприятности, зло
2.	катаклизм		
3.	гармония	b.	резкое разрушительное изменение в природе, обществе
4.	угроза		
5.	эпидемия	c.	широкое распространение болезни
6.	достижение	d.	положительный результат определенной деятельности
		e.	согласие, согласованность в деятельности и т.д.
		f.	событие, имеющее трагические последствия

C. Заполните пропуски в предложениях словами из следующего списка, поставив их в нужную грамматическую форму. Одно слово в этом списке лишнее./Fill in the blanks with words from the following list, putting them in the correct grammatical form. The list contains one extra word.

Список слов		
выброс	охрана окружающей	создавать
погоня за прибылью	среды	благоприятный
жить за чертой	напрямую зависеть	инвестиционный
бедности	делать ставку	климат
	львиная доля	острая проблема

1. Для того, чтобы получать инвестиции в свою экономику, правительство государства должно _____ внутри страны.

2. На сегодняшний день больше пятнадцати процентов жителей земли _____, без доступа к простейшим благам цивилизации.

3. Современное мировое общество _____ на то, что отсталые африканские государства в будущем могут стать примерами сохранения окружающей среды.

4. _____ в списке самых загрязнённых городов мира занимают крупные и средние города Китая, Индии и СНГ.

5. В процессе производства электроэнергии тепловые электростанции производят _____, негативно влияющие на окружающую среду.

6. Во многих странах созданы и действуют органы, занимающиеся _____ _____,—природоохранные органы.

7. Из-за засушливого климата и ограниченности водных ресурсов во многих странах Африки существует _____ нехватки питьевой воды.

8. _____ неизбежно приводит к постоянно растущему спросу на энергию.

D. Образуйте, как минимум, восемь возможных словосочетаний, подобрав к глаголам в левой колонке слова и словосочетания из правой колонки. В случае затруднений обращайтесь к главному тексту данной главы./Form a minimum of eight word combinations by matching words and phrases in the right-hand column with verbs in the left-hand column. If you encounter a problem, refer to the main text of the given chapter.

1. стимулировать *кого? что?*	a.	экономический рост
2. наращивать (увеличивать) *что?*	b.	конкретные шаги
3. создавать *что?*	c.	реальные инвестиции
4. получать *что?*	d.	стратегии развития
5. выработать (разработать) *что?*	e.	новые возможности (сделать что-л.)
6. привлекать *кого? что?*	f.	темпы развития
7. предпринимать *что?*	g.	спрос
8. оказывать *что?*	h.	новые рабочие места
	i.	благоприятный климат
	j.	влияние

E. Выберите пять словосочетаний, образованных вами в предыдущем упражнении, которые относятся к экономике и окружающей среде. В зависимости от той позиции, которую вам нужно отстаивать в дебатах, с каждым словосочетанием составьте предложения, отразив позицию «за» или «против» необходимости экономического роста в ущерб окружающей среде./Select five word combinations that you formed in the previous exercise relating to the economy and environment. Depending on the position that you are defending, compose a sentence using each word combination that reflects a position "for" or "against" the need for economic growth at the expense of the environment.

1. _____

2. _____

3. _____

4. _____

5. _____

Исследование смыслов

А. Прочитайте следующую информацию./Read the following information.

Справка
Как сообщить о связи между фактором и процессом или явлением

Модель 1. что? связано с чем?

что? зависит от чего?

что? определяется чем?

Пример: Экологическая ситуация в стране **связана с** экономической политикой правительства. Экологическая ситуация в стране **зависит от** экономической политики правительства. Экологическая ситуация в стране **определяется** экономической политикой правительства.

Модель 2. что? влияет/воздействует (оказывает влияние/воздействие) на что?

Пример: Экономическая политика правительства **влияет (оказывает влияние)** на экологическую ситуацию в стране. Экономическая политика правительства **воздействует (оказывает воздействие)** на экологическую ситуацию в стране.

Как сообщить о положительном (+) или отрицательном (−) влиянии какого-либо фактора на процесс или явление

Модель 3. что? способствует (+)/препятствует (−) чему?/тому, что . . .

Пример: Развитая экономика **способствует** интеграции страны в мировое сообщество. Отсталая экономика **препятствует** интеграции страны в мировое сообщество.

B. Используя справку, сообщите о связи между фактором и процессом или явлением из таблицы ниже./After reading the above note, report on the links between factor and process or phenomenon from the table below.

Фактор	Процесс, явление
1. забота об окружающей среде	a. экономический рост страны
2. темп экономического роста	b. благосостояние населения
3. погоня за прибылью	c. экологические катастрофы
4. низкий технологический уровень предприятий	d. деградация природной среды в КНР
5. ответсвенная экологическая политика	e. экономический рост
6. загрязнение окружающей среды	f. развитие отраслей экономики

1. _____
2. _____
3. _____
4. _____
5. _____

C. Работая в парах или малых группах, разыграйте ситуацию: репортер молодежной газеты берет у студентов интервью на тему «Как человек может повлиять на экологическую ситуацию в своей стране?»/In pairs or small groups, act out the following situation: a reporter from a youth newspaper interviews students on the topic, "How can a person affect the environmental situation in his/her country?"

Обсуждение статьи

A. Работая в парах, ответьте на следующие вопросы к статье «Экономический рост: угроза экологии или панацея от бед?», используя словосочетания из списка активной лексики./Working in pairs, answer the following questions in regards to the article «Economic Growth: A Threat to Ecology or a Panacea from Troubles?» using active vocabulary collocations.

1. Что такое «азиатское чудо»? В каких странах произошло «экономическое чудо» и в чем оно заключается?

2. Помог ли экономический рывок Китаю и Индии достичь социального равенства?

3. Что произошло в индийском городе Бхопал? Почему?

4. В каких странах экологические проблемы являются более острыми: в развитых или развивающихся?

5. В каких странах города являются наиболее экологически загрязненными?

6. Помогает ли людям «мирный атом»?

7. Какова точка зрения автора: экономический рост делает страны богаче или беднее?

8. Возможно ли разумное управление нашим большим домом—планетой? При каких условиях?

9. Стало ли загрязнение окружающей среды глобальным процессом? Аргументируйте свой ответ.

10. Должны ли первые лица государств заниматься проблемами национальной и мировой экологии? Экология—это экономическая и/или политическая проблема? Обоснуйте свою точку зрения.

Построение критического дискурса

Построение предположений

A. Прочитайте следующую цитату из речи Дмитрия Медведева на совещании по вопросам изменения климата, состоявшемся в феврале 2010 года:/Read the following quotation from a speech by Dmitry Medvedev at a meeting on climate change, held in February 2010:

> «Климатическая политика должна быть задачей для правительства, задачей для местных властей, целью для бизнеса, а не просто уделом кабинетных учёных и публицистов, которые пишут на эту тему заметки. Поэтому я надеюсь, что мы здесь приложим соответствующие старания. Это будет, кстати, способствовать и созданию правильного позитивного климатического имиджа нашей страны . . . »

B. Поразмышляйте над содержанием данной цитаты в свете следующих вопросов:/Reflect on the content of the quote in light of the following questions:

1. Что такое климатическая политика? Какие цели она преследует?

2. Как можно снизить выбросы углерода в атмосферу?

3. Возможно ли снизить выбросы углерода в атмосферу в странах, экономика которых основана на тепловой электроэнергетике?

4. Существует ли взаимосвязь между изменением климата и выбросами углерода в атмосферу?

5. Какова роль бизнеса в проведении грамотной климатической политики?

C. Выскажите свои предположения, используя конструкции **«если . . . , то . . . »** и **«если бы . . . , то . . . »**. Обратите внимание на использование вводных слов **наверное, вероятно, очевидно, скорее всего, возможно, может, несомненно** в данных конструкциях./Express your own inferences using constructions **«если . . . , то . . . »** и **«если бы . . . , то . . . »**. Note the use of transition words **наверное, вероятно, очевидно, скорее всего, возможно, может, несомненно** in the given constructions.

условия	+	возможные последствия
• Если что-то случится, • Если что-то делается, • Если бы кто-то что-то сделал, • Если бы что-то произошло, • Если бы что-то было сделано, • Если бы что-то не было сделано,	→	• то что-то случится. • то, очевидно, что-то происходит. • то, вероятно, что-то бы произошло. • то, скорее всего, что-то бы произошло. • то, наверное, что-то могло бы случиться. • то, возможно, удалось бы предотвратить что-то.

Ролевая игра

A. Выберите один из диалогов и разыграйте его, используя, как минимум, десять единиц из списка активной лексики./Role-play one of the dialogues below, using a minimum of ten active vocabulary items.

Диалог 1

Роль А: Кандидат в местные органы власти рассчитывает победить на выборах за счет своей позиции экологического активиста.

Роль Б: Представитель общественности серьезно озабочен развитием инфраструктуры в регионе.

Диалог 2

Роль А: Федеральный государственный служащий предпринимает все возможные попытки уменьшить объем бюджетного дефицита.

Роль Б: «Зеленые» лоббисты пытаются привлечь больше денежных средств на исследования в области возобновляемых источников энергии.

Диалог 3

<u>Роль А:</u> Представитель крупной корпорации пытается открыть дочернюю компанию в другом регионе.

<u>Роль Б:</u> Представители местного населения проявляют большую заинтересованность в сохранении уникальной экосистемы своего региона.

Аудирование

Перед прослушиванием

А. Перед тем, как прослушать запись, постарайтесь предсказать, как минимум, пять аргументов, которые будут использованы каждой из сторон. Заполните следующую таблицу./Before listening to the audio file, try to predict a minimum of five arguments that you'll hear. Fill in the table below.

Охрана окружающей среды не должна осуществляться в ущерб экономическому росту	Ухудшение состояния окружающей среды не может быть оправдано экономическим ростом
•	•
•	•
•	•
•	•
•	•
	•

В. 🎧 **Первое прослушивание. Цель: понять общую аргументацию.** Прослушайте запись 1.2 и отметьте в заполненной вами таблице аргументы, которые вы услышали. Добавьте в таблицу те аргументы из записи, которые вы не внесли перед прослушиванием./**First listening. Goal: Listening for general comprehension.** Listen to Audio Recording 1.2 and put a check next to arguments that appear in the table. Write down additional arguments that initially were missing in your table.

C. **Второе прослушивание. Цель: уловить конкретные детали.** Прослушайте запись второй раз и оцените аргументы как сильные или слабые. Какие моменты в представлении и/или поддержке аргумента повлияли на вашу оценку?/**Second listening. Goal: Listening for specific details.** Listen to the audio file a second time and evaluate the arguments you listed in the table above as "strong" or "weak." What aspects of the presentation and/or supporting arguments particularly influenced your evaluation?

После прослушивания

A. Какая из сторон выдвинула наиболее убедительные аргументы? Процитируйте самый сильный, на ваш взгляд, аргумент./Which side do you think presented a more persuasive argument? Support your opinion by citing their strongest argument.

B. В каждом споре за кем-то всегда остается последнее слово. Попробуйте предположить, как можно было бы ответить на последний аргумент, прозвучавший в записи./In every debate, someone has the last word. Predict what the opposing side's response would be to the final argument you heard.

Построение аргументации: письмо

Эссе: содержание

Письменная работа, в которой излагается спорная позиция, как и выступление в дебатах, посвящена одной стороне вопроса. Ваша задача заключается в том, чтобы убедить читателя, что ваше мнение аргументировано. Необходимо раскрыть многочисленные аспекты вопроса и представить его так, чтобы читатель смог легко понять суть проблемы. Для того чтобы убедить читателя, что ваши аргументы обоснованы, а контраргументы—нет, нужно подкрепить свои мысли убедительными доводами.

Аргументы

Перед написанием работы, в которой излагается ваша позиция, тщательно изучите вопрос. Даже если вам уже известно, какую сторону вопроса вы будете защищать, необходимо найти доказательства в поддержку выбранной позиции. Начните со списка аргументов и контраргументов и обдумайте, как обосновать или опровергнуть каждый. Источники, содержащие информацию в поддержку того или иного аргумента, могут быть такими:

Вид информации	Вид источника
научные факты	справочники, энциклопедии
примеры из жизни	книги, правительственные отчёты
статистика	научные журналы
исследования	газеты, журналы
мнения экспертов	ресурсы правительственных агентств
	отчёты ассоциаций и институтов

Структура

Письменная работа, в которой излагается ваша позиция, должна иметь вступление, преследующее две цели: представить тему и ваш взгляд на нее, т.е. главный тезис. Основная часть работы должна содержать несколько абзацев, каждый из которых должен представить идею, которая объясняет вашу позицию и подкрепляет ее фактами. Доказательствами могут служить цитаты из первоисточников, статистические данные, интервью с экспертами и неопровержимые факты или события. Также важно коротко привести контраргументы для того, чтобы продемострировать понимание проблемы. Наконец, вывод должен подытоживать основные положения, т.е. включать краткое резюме вышеизложенного и повтор тезиса.

А. Определите несколько возможных источников для своей письменной работы. Выберите разные виды источников, например, энциклопедии, научные статьи и газетные заметки. Перечислите источники, которые вы будете использовать./ Identify several potential sources for your position paper. Choose multiple types of sources, e.g., encyclopedias, scholarly articles, and newspaper articles. List your sources here.

_____

_____

_____

_____

_____

В. Прочитайте эссе и проанализируйте его с точки зрения построения аргументации. Ответьте на следующие вопросы./Read the essay below and analyze it from the standpoint of constructing an argument. Answer the following questions.

1. Делает ли автор какие-либо предположения? Если да, какие именно?
2. Какие доказательства он приводит?
3. Какую дополнительную информацию вы бы включили?

Экология или экология

Современное общество живет в период глобализации мировой экономики: создается все больше транснациональных компаний. Происходит становление и развитие глобальных экономических институтов, формирование всемирного информационного пространства, что приводит к росту количества международных инвестиций. Подобная экономическая деятельность человечества не проходит бесследно и приносит ряд экологических проблем: исчерпываются природные ресурсы, загрязняются вода и воздух, исчезают виды животных, птиц и растений. При таком раскладе наиболее рациональное решение экологических проблем заключается в следующем: необходимо приостановить экономический рост, иначе цивилизация окажется под угрозой всемирной экологической катастрофы.

Экономическая деятельность человечества, а также равнодушное отношение к окружающей среде ставят под угрозу само существование живых организмов. Ярким примером этого является большое тихоокеанское мусорное пятно—водоворот антропогенных загрязнений, состоящий из сконцентрированных залежей пластика и других отходов, принесенных водами Северо-Тихоокеанской системы течений. «Остров» из мусора в Тихом океане уже превысил в два раза территорию США.[1] Негативное воздействие этого феномена на живые организмы очевидно: пластик и другие отходы отравляют океан, блокируя поступление кислорода из воздуха в воду, что приводит к гибели морских существ.[2]

Однако не только жизнь животных находится в опасности из-за роста экономики, но и жизнь самого человека. Рост промышленности требует производства все большего количества электроэнергии. Эту проблему решают путем эксплуатации существующих, а также строительства новых тепло-, гидро- и атомных электростанций, последние из которых традиционно считаются экологически чистыми.[3] Однако, именно с такими «экологически чистыми» электростанциями связаны трагедии, случившиеся на Чернобыльской атомной электростанции 1986 года,[4] а также атомной электростанции Фукусима-1 в 2011 году.[5] Последствиями таких катастроф является радиоактивное облучение населения, выброс радиоактивных отходов в атмосферу и водоемы, уничтожение биосферы, а также развитие лучевой и раковых болезней.[6]

Губительное влияние экономической деятельности на экологию постепенно начинает осознаваться разными странами мира. В 2007 году главы природоохранных министерств стран Европейского Союза официально одобрили предложение Еврокомиссии снизить выброс отходов в атмосферу, по меньшей мере, на 20% к 2020 году.[7] Однако, такое предложение—это региональное решение, эффективность результатов которого стоит под вопросом. Количество экологических проблем, вызванных экономической деятельностью, продолжает увеличиваться. Примером таких проблем является Мазуринское озеро в России, которое к началу 2000-х в результате сброса производственных отходов превратилось в безжизненный полигон.[8] Похожая ситуация наблюдалась на глиноземном комбинате компании MALZrt в Венгрии, где, в результате разрушения плотины резервуара с ядовитыми отходами, многие населенные пункты были затоплены токсичными веществами.[9]

Таким образом, экономическая деятельность человечества оказывает негативное влияние на экологию, приводя к загрязнению атмосферы и водоемов, ставя под угрозу существование живых организмов, а также самого человечества. Для того, чтобы предотвратить разрушающее действие экономики на экологию, необходимо приостановить экономический рост.

Литература

1. См. подробнее, *«Остров» из мусора в Тихом океане уже превысил в два раза территорию США*, от 7 февраля 2008 г. Доступно на: http://ecoportal.su/news.php?id=27413.
2. См. там же.
3. См. подробнее, *Атомные электростанции—самые безвредные*. Т. Королев, от 8 августа 2012 г. Доступно на: htttp://delo-v-smazke.com.
4. См. подробнее, *Крупнейшие экологические катастрофы*. Научно-производственная компания «Экодар». Доступно на: http://ecodar.info/ru/news/158.html.
5. См. подробнее на: http://korrespondent.net/world/1598372-uroven-radiacii-na-fukusime-1-za-devyat-dnej-vyros-v-vosemnadcat-raz.
6. См. подробнее, Н. Батхен. *Невидимая смерть: лучевая болезнь и ее последствия*, от 26 апреля 2013. Доступно на: http://km.ru/zdorove/2013/04/26/katastrofa-v-yaponii/709764-nevidimaya-smert-luchevaya-bolezn-i-ee-posledstviya. См. также, *Аварии на радиационно- опасных объектах и их последствия*. Доступно на: http://grandars.ru/shkola/bezapasnost-zhiznedeyatelnosti/avarii-na-radiacionno-opasnyh-obektah.html.
7. См. подробнее, *За 13 лет Евросоюз снизит выброс отходов в атмосферу на 20%*, от 21.02.2007. Доступно на: http://gazeta.ua/ru/articles/life-photo/_za-13-let-evrosoyuz-snizit-vybros-othodov-v-atmosferu-na-20/151118.
8. См. подробнее, *Мазуринское озеро гибнет*. Доступно на: http://democrator.ru/problem/8128.
9. См. Крупные техногенные катастрофы в мире в 2000–2013 гг. Доступно на: http://ria.ru/spravka/20130418/933253431.html.

От теории к практике: эссе

A. Письменно изложите свою позицию по проблеме «экономика или экология» в эссе из пяти абзацев, суммируя все изученное в рамках данной темы. Не забудьте использовать активную лексику./Write a position paper on the topic of "Economy vs. Environment" that consists of five paragraphs and synthesizes material studied in relation to the topic. Be sure to include active vocabulary.

Построение аргументации: практика речи

Стратегии ведения дебатов

А. Прочитайте следующую информацию и выполните упражнение./Read the following information and complete the exercise.

Справка

Как и в игре в шахматы, существуют определенные стратегии успеха в ходе ведения дебатов. Греческие философы предложили, как минимум, пять. Они перечислены ниже в форме вопросов, которые могут быть использованы как часть стратегии в дебатах.

1. Гипотетические вопросы (Что если . . . ?). *Что могло бы случиться, если бы мы отдавали приоритет экономическому развитию во все времена и во всех ситуациях?*
2. Вопросы-определения. *Что такое «окружающая среда»? Являются ли люди частью «окружающей среды» в той же степени, что животные и погода?*
3. Причинно-следственные вопросы. *К чему может привести глобальное потепление?*
4. Вопросы о ценностях. *Обязаны ли люди защищать окружающую среду, например, тропические леса Бразилии, даже ценой ухудшения человеческой жизни?*
5. Вопросы о способе действия. *Как разработать подход разумного использования ресурсов, которое одновременно защищает окружающую среду и помогает государству развиваться экономически?*

В этом разделе мы подробно рассмотрим первую стратегию—построение гипотез.

Используя эту стратегию, вы составляете предположение или утверждение «что если . . . , тогда», которое является позитивным логическим продолжением вашей позиции либо негативным логическим продолжением противоположной позиции.

B. Просмотрите текст, выделяя ключевые слова или фразы, которые вы могли бы использовать в поддержку своей позиции в дебатах. Например, если вы сторонник экономического развития, то должны сконцентрироваться на той части информации, в которой обсуждается, что бы случилось, если бы больший приоритет отдавался вопросам окружающей среды, чем вопросам экономического развития./Review the text, highlighting key words or phrases that you could use to support your side of the debate. For example, if you are arguing that economic development should be given greater priority over environmental protection, you may want to concentrate on statements that discuss what would happen if we gave greater priority to environmental concerns over economic development.

Перечислите пять важных гипотетических утверждений в поддержку своего аргумента./List five important conjectures that support your side of the argument.

1. _____
2. _____
3. _____
4. _____
5. _____

C. Вы можете использовать эти гипотетические утверждения в поддержку своего аргумента или для ослабления аргумента оппонента в дебатах. Например, вы могли бы спросить: «Какое значение в нашей жизни имеет тот факт, что мы все живем в среде, созданной руками человека»?/During the debate, you can use these conjectures to support your argument or to weaken the argument of the other side. For instance, you could ask or answer something like, "Does the fact that we all live in a man-made environment mean anything to us?"

Основываясь на гипотетических утверждениях, которые вы перечислили выше, напишите пять предложений или вопросов, которые вы смогли бы использовать в защиту своей позиции./Based on the conjectures that you listed above, write five sentences or questions that you could use in defense of your position.

1. _____
2. _____
3. _____
4. _____
5. _____

D. Готовясь к дебатам, постарайтесь предугадать, какие гипотетические высказывания собирается использовать ваш оппонент. Вы можете выступить против этих утверждений, указав на слабые стороны в его предположениях или последствия, к которым может привести их осуществление. Например, оппонент может утверждать следующее: «Если мы не предпримем определённых мер относительно глобального потепления, человеческая цивилизация окажется под угрозой». Вы можете опровергнуть это историческими примерами о том, как человеческая цивилизация преуспела в моменты потепления климата./As you prepare for the debate, you can predict that the other side will use conjectures that support their side of the argument. You can argue against these conjectures by pointing out weaknesses in their hypotheses or the consequences of these hypotheses. For example, the other side may claim the following: "If we don't take necessary measures to prevent global warming, the survival of human civilization will be threatened." You could argue that history has shown that human civilizations flourish when the climate warms.

Просмотрите текст и перечислите пять ключевых гипотетических утверждений, которые могли бы быть использованы оппонентом в отстаивании его позиции в дебатах. Составьте свои контраргументы к этим гипотетическим утверждениям./Review the text and list five key conjectures that the other side could use in their side of the debate. Then list how you would argue against these conjectures.

1. _____
2. _____
3. _____
4. _____
5. _____

Оформление высказывания

A. Изучите следующие речевые формулы для оформления высказывания в устной и письменной речи./Study the following speech formulas used when introducing an issue in oral and written speech.

1. Как известно, . . .
2. Трудно не согласиться с тем, что . . .
3. Следует обратить внимание на . . .
4. Многие убеждены, что . . .
5. Нельзя не согласиться с тем, что . . .

Конструкции для ответов на вопросы

A. Во время дебатов важно **выразить благодарность за вопрос**, даже если он исходит от оппонента. Используйте следующие выражения, если возникает подобная ситуация./During a debate, it is important to express gratitude for a question, even if it comes from the opponent. Should such a situation arise, use the following expressions.

- Спасибо за вопрос. Я понимаю, что вы имеете в виду. Тем не менее, . . .
- Полностью согласен (-на) с вами в том, что . . . , но, боюсь, я не могу предоставить вам такую информацию, так как . . .
- Правильно. Вопрос ясен, но . . .
- Определённо, это важный вопрос, но . . .
- Спасибо, что вы учли это, но . . .
- Спасибо, что обратили внимание на эту проблему, но . . .

От теории к практике: дебаты

A. **Устная презентация.** Подготовьте устную презентацию на 3–5 минут, представляя свою позицию. Порепетируйте и запишите себя на аудио. Прослушайте то, что получилось. Постарайтесь исправить неудачные, на ваш взгляд, моменты. Подготовьтесь к выступлению в классе./**Oral Presentation:** Prepare a 3–5 minute oral presentation arguing your position. After practicing, record your presentation and then listen to it. What areas do you need to improve on? Be prepared to give your presentation in class.

B. **Дебаты.** Итак, настало время попробовать себя в дебатах. Постарайтесь собрать все свои заметки, касающиеся аргументов, активной лексики и речевых формул по данной теме. Помните, что записи можно использовать только в качестве подсказки./**Debate:** Now it's time for you to debate. Synthesize all of your notes dealing with arguments, active vocabulary, proposals and inferences on the subject. Remember that these may serve as references only.

Подведение итогов

A. Проанализируйте работу, которую вы проделали при подготовке к дебатам./ Analyze the work you did when preparing to debate.

1. Я считаю, что я был(а) готов(а) к дебатам на эту тему.
2. Я вложил(а) много сил в подготовку к дебатам на эту тему.
3. Я с нетерпением ждал(а) своего выступления в дебатах на эту тему.

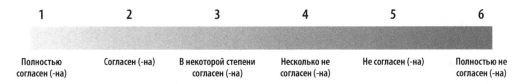

1	2	3	4	5	6
Полностью согласен (-на)	Согласен (-на)	В некоторой степени согласен (-на)	Несколько не согласен (-на)	Не согласен (-на)	Полностью не согласен (-на)

B. Если большая часть ваших ответов оказалась в диапазоне от 4-х до 6-ти, то что, по вашему мнению, нужно сделать, чтобы перейти в диапазон от 1-ого до 3-х?/ If most of your answers were in quadrants 4–6, what could be done, in your opinion, to move to quadrants 1–3?

Назовите **десять** ключевых словосочетаний из списка активной лексики, которые, на ваш взгляд, оказались наиболее полезными во время дебатов./Identify **ten** active vocabulary collocations from this chapter that you feel were most beneficial to you as you debated.

1. _____
2. _____
3. _____
4. _____
5. _____
6. _____
7. _____
8. _____
9. _____
10. _____

УРОК 2

Интервенция или невмешательство

«Демократия изнутри и извне:

дилемма современной геополитики»

Подготовка к чтению

Введение в проблему

А. Используйте картинки, чтобы обсудить следующие вопросы в парах.

Девочки сплетничают за спиной у одноклассницы. (Credit: Beth Van Trees)

После занятий ребята грубо выясняют отношения. (Credit: Aaron Tait. https://creativecommons.org/licenses/by/2.0/)

Молодой человек узнает, что его уволили с работы. (Credit: Dana Skolnick. https://creativecommons.org/licenses/by-nd/2.0/)

1. В какую из этих ситуаций, по вашему мнению, люди наиболее вероятно вмешиваются? Почему?
2. Какие факторы, на ваш взгляд, определяют, окажут ли люди помощь тем, кто изображен на картинках?

3. Как вы считаете, люди должны оказывать помощь только тогда, когда их об этом просят, или когда они замечают, что помощь нужна? Аргументируйте свою позицию.

4. Помогали ли вы когда-нибудь тем, кто не просил о помощи? Какой была реакция на вашу помощь?

B. Изучите по справке определения слов «демократия» и «суверенитет», которые даны в словаре С.И. Ожегова. Как соотносятся эти понятия?

Справка		
Слово	**Демократия**	**Суверенитет**
Значение	политический строй, основанный на признании принципов народовластия, свободы и равноправия граждан	полная независимость государства от других государств в его внутренних делах и во внешней политике
Примеры	Принципы и идеалы демократии. Борьба за демократию.	Соблюдать суверенитет. Государственный суверенитет.
Синонимы	народное правление	автономия
Антонимы	тоталитаризм, самодержавие	зависимость, подчинение

C. Проанализируйте заглавие статьи «Демократия изнутри и извне: дилемма современной геополитики?»

1. Как вы понимаете словосочетания «демократия изнутри» и «демократия извне»?

2. Как можно истолковать название этой статьи?

D. Исходя из заглавия статьи «Демократия изнутри и извне: дилемма современной геополитики», составьте список проблем, которые могут обсуждаться в тексте.

1. Проблема вмешательства в дела суверенного государства

2. Проблема поддержания демократического строя

3. _____

4. _____

5. _____

Создание тематических карт

A. Вспомните как можно больше слов, относящихся к темам внутренней и внешней политики государства. Распределите эти слова так, чтобы показать логические связи между ними по следующему образцу:

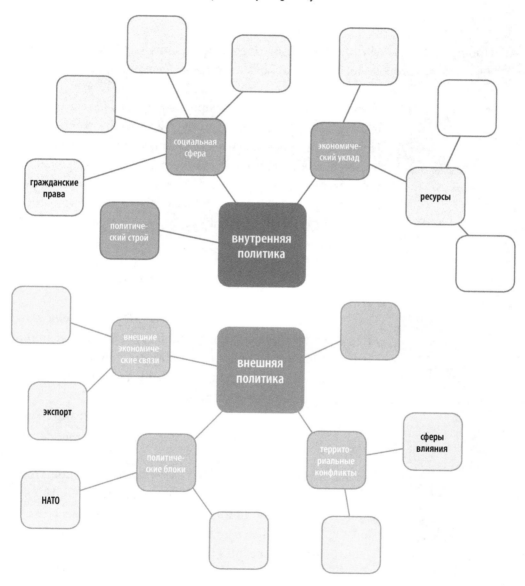

B. Дополните свои тематические карты, сравнив их с картами одногруппников.
После заполнения каждой из двух карт определите точки их соприкосновения: в каких аспектах вопросы внутренней и внешней политики государства
пересекаются?

Обсуждение фактов и мнений

A. Прочитайте цитаты из выступлений российских политических деятелей. Найдите слова, которые могут быть добавлены в тематические карты.

(Credit: government.ru)

Насильственные действия против мирного населения
недопустимы ни в Ливии, ни где бы то ни было еще.
Но все-таки бороться со злом нужно честно, и нельзя
беззаконие ликвидировать путем нарушения международного права. Тем более что на ранней стадии кризиса—
да и на срединной стадии кризиса—были все возможности прекратить кровопролитие, усадить стороны за стол
переговоров.

Сергей Лавров
министр иностранных дел РФ

(Credit: premier.gov.ru)

Ни по одному из параметров ливийский режим не подхо-
дит под критерии демократической страны. Это очевидно,
но это не значит, что нам позволено вмешиваться во
внутриполитические, даже вооруженные конфликты,
извне, защищая одну из сторон.

Владимир Путин
Президент РФ

(Credit: www.kremlin.ru)

Россия будет и в дальнейшем выступать против попыток
легитимизации через СБ [Совет Безопасности] ООН
односторонних санкций для смещения различных режимов. ООН создавалась не для этого. Россия будет неу-
коснительно придерживаться Устава Организации.

Дмитрий Медведев
Президент РФ в 2008–2012 гг

(Credit: Lord Mountbatten [own work])

У США и России много общих сфер интересов. Обеспечение безопасности в Европе—одна из них. Мы понимаем характер угрозы, исходящей от некоторых стран, которые территориально находятся ближе к России, чем к США. И, безусловно, мы заинтересованы в сотрудничестве с Америкой и другими государствами, чтобы аннулировать эту угрозу.

Сергей Кисляк
посол РФ в США

B. Как, по вашему мнению, эти слова характеризуют внешнюю политику Российской Федерации?

Изучение проблемы

Чтение статьи

A. Прочитайте статью «Демократия изнутри и извне: дилемма современной геополитики». Заполните таблицу, выписав аргументы, представленные в тексте. Дополните таблицу собственными аргументами.

Интервенция в суверенное пространство других государств может быть оправдана	Интервенция в суверенное пространство других государств не может быть оправдана
•	•
•	•
•	•
•	•
•	•
•	•

B. 🎧 Проверьте произношение новых слов, прослушав Аудиозапись 2.1.

Демократия изнутри и извне: дилемма современной геополитики?

Сергей Капитонов

Современная геополитическая система основана на принципах, заложенных ещё в XVII веке как результат Тридцатилетней войны в Европе. Вестфальский мир, ознаменовавший окончание затяжной войны между европейскими странами, дал миру новое понимание такого понятия, как национальный суверенитет, который стал краеугольным камнем в строительстве нового мирового порядка. С тех пор внутренняя политика остаётся прерогативой государства. Принципы Вестфальской системы направлены на недопущение вмешательства извне в дела другого государства без официального объявления войны.

Мировая политика по сей день базируется на принципах 400-летней давности, которые фактически давно не соблюдаются. Учёные считают, что «крах Вестфальской системы» начался ещё во времена наполеоновских войн, продолжился локальными конфликтами в Европе середины-конца XIX века, а приход XX века ознаменовал собой полное крушение всех базовых принципов Вестфальского мира.[1] За первую половину XX века карта мира, и в особенности Европы, перекраивалась несколько раз, а в кровопролитных войнах погибли миллионы человек. Вторая же половина прошлого века продемонстрировала человеческой цивилизации феномен «биполярного» мира. Планета была фактически поделена между двумя сверхдержавами: США и СССР, а остальные страны попадали либо в американскую, либо в советскую орбиту влияния.

В 1947 году Уинстон Черчилль, выступая в палате общин английского Парламента, заявил: «Демократия— наихудшая форма правления, если не считать всех остальных».[2] Действительно, условия для жизни, предлагаемые современной рыночной глобализированной экономикой, в полной мере реализуются только при демократической форме правления, и уже сейчас видна вся серьёзность разрыва в экономическом и социальном развитии западных демократических стран и стран, которые пошли другим путём (государства Ближнего Востока, Средней Азии, некоторые страны Латинской Америки). Исключение составляет только Китай, сумевший построить крупнейшую экономику при отсутствии многих принципов демократии, однако и КНР движется эволюционным путём, а экономическая модель республики, как и принципы управления государством, уже имеют мало общего с Китаем времён Мао Цзэдуна.

В XX веке был проведён ряд масштабных социально-экономических экспериментов по построению «общества будущего», основанного на коммунистическом порядке, в Северной

Корее, Камбодже и ряде африканских государств. «Общество будущего», построенное на революционных принципах, создавалось для рабочих и крестьян, в нём не находилось места для мыслящей интеллигенции, учёных, деятелей искусства. За 5 лет правления Пол Пота в Камбодже было уничтожено около 3 миллионов человек, что составляло более 50% населения страны.[3] Из-за нехватки патронов людей убивали мотыгами, железными прутьями или ножами для рубки тростника, и это в то время, когда человечество покоряло космос, исследовало морские глубины, создавало комфортные условия для общества потребления. Эксперимент Пол Пота был завершён только вводом вьетнамских войск в Камбоджу, после победы которых страна начала постепенно возвращаться к нормальной жизни. Так, вмешательство извне спасло миллионы камбоджийцев от голода, концлагерей и физического уничтожения.

Наибольший размах интервенция сильных государств во внутренние дела слабых приобрела во второй половине XX века, когда была создана система «сдержек и противовесов» в отношениях СССР и США, не допускающая возможности начала войны между двумя сверхдержавами. Однако две супердержавы стремились расширить своё влияние на геополитическую обстановку зачастую за счёт насильственного вмешательства во внутренние дела третьих стран. Так, Советский Союз активно поддерживал

социалистические революции по всему миру, США выступали за повсеместное распространение демократических ценностей. Советские танки на улицах Будапешта и Праги несли венграм и чехам «свободу, равенство, братство», американские самолёты во Вьетнаме спасали вьетнамский народ от коммунистической диктатуры.

Число локальных войн, в которых конфликтующие стороны заручались поддержкой Советского Союза или США, измерялось десятками, а самим государствам просто не давали возможности разрешить внутренний конфликт своими силами.

Это оправдывали тем, что вмешательство более сильного игрока способно остановить кровавые гражданские войны, предотвратив тем самым потенциально более масштабные людские потери и разрушения. Тем не менее, после интервенции третьих стран у населения и правительства более слабых государств не оставалось выбора для изменения внешнеполитического курса и внутреннего уклада жизни. Так что же важнее: оставить слабым государствам собственный выбор или дать возможность попасть под крыло более сильной страны?

С одной стороны, стоит отметить, что, во-первых, интервенция в дела других государств всегда ложится тяжёлым бременем на бюджет и социальную обстановку в стране-инициаторе. Так, афганская война, начатая СССР в целях поддержки социалистического строя в Афганистане, явилась одной из причин развала Советского Союза, а результаты, достигнутые за 10-летний период её ведения, оказались минимальными. Война во Вьетнаме породила массовые протесты американской молодёжи, а результатом кампании стала отмена призыва в армию США. Войны в Афганистане и Ираке стоят США сотни миллиардов долларов ежегодно, серьёзный прогресс в них достигнут, но стоит ли хрупкий мир затраченных средств—вот большой вопрос. Во-вторых, на сегодняшний день поводом к вмешательству в дела других государств могут стать непроверенные домыслы, провозглашённые истиной в последней инстанции властными кругами страны-интервента. Так произошло в Ираке, где формальным поводом для ввода войск НАТО стало обвинение режима Саддама Хуссейна в разработке оружия массового поражения, которое так и не было найдено в ходе военной операции.

С другой стороны, зачастую диктаторские режимы не оставляют выбора населению для свободного волеизъявления. Однако в этой связи гораздо более результативным способом влияния на внутриполитическую жизнь страны становится скрытое и открытое финансирование оппозиционных политических партий или СМИ, нежели прямая военная интервенция. Прошедшая в 2011 году волна арабских революций доказала современное значение СМИ и социальных сетей в преобразовании внутреннего уклада государства, возможно, именно социальные медиа

будут играть в будущем ведущую роль катализатора революционных событий, а методы прямого военного вмешательства уйдут на второй план.

Современная Россия во внешней политике опирается на принцип равноправия государств, придерживаясь точки зрения о недопустимости вмешательства во внутренние дела других стран. Российская Федерация выступала против ввода войск НАТО в бывшую Югославию и Ирак,[4,5] в то же время в целом поддержала афганскую кампанию США.[6] Мнения российского политического истеблишмента по поводу операции стран НАТО в Ливии разделились,[7,8] однако сам факт такого рода дискуссий в высших эшелонах власти доказывает всю серьёзность подхода страны к современной геополитической «игре».

В XXI веке вероятность возникновения войн, хотя и несколько снизилась со времён «холодной войны», но всё ещё находится на высоком уровне. Многие страны нуждаются в серьёзной перекройке внутреннего устройства хотя бы в целях минимального соблюдения в них прав человека. Однако методы прямой военной интервенции постепенно теряют своё значение, уступая место информационным войнам. Данная тенденция не может не радовать, поскольку суммы, тратящиеся ежегодно на военные бюджеты в мире, способны полностью решить проблемы голода, нехватки питьевой воды или дефицита электроэнергии. Право вмешательства или невмешательства в дела третьих государств по сегодняшний день остаётся за государствами-лидерами, однако наиболее рациональным путём мирового развития является практика мирного сосуществования и

эволюционных изменений в странах, находящихся на ступень ниже в развитии демократии, нежели большинство государств современного мира.

Литература

1. Кортунов С. «Крушение Вестфальской системы и становление нового мирового порядка», НИУ ВШЭ, М., 2007 http://www.wpec.ru/text/200708310905.htm.

2. Черчилль У. Выступление в палате общин 1947-11-11 http://hansard.millbanksystems.com/commons/1947/nov/11/parliament-bill#column_206.

3. Протокол о преступлениях клики Пол Пота—Иенг Сари—Кхиеу Самфана по отношению к кампучийскому народу в период 1975—1978 годов.

4. Ельцин Б. Телеобращение о недопущении операции НАТО в Югославии 1999-03-25 http://www.kommersant.ru/doc/215535.

5. Путин В. об операции НАТО в Ираке 2003-04-11 http://nw.ria.ru/politics/20030411/107687.html.

6. МИД России поддержал контртеррористическую операцию в Афганистане 2001-10-08 http://www.newsru.com/russia/08Oct2001/mid.html.

7. Путин В. об операции НАТО в Ливии. 2011-03-21 http://www.youtube.com/watch?v=F1whyeNscRs.

8. Медведев Д. об операции НАТО в Ливии 2011-03-21 http://www.youtube.com/watch?v=vqyp7n7gAbg.

Проверка понимания

А. Основываясь на информации статьи, определите, какие из следующих утверждений являются верными, а какие нет.

1. XX век ознаменовал собой полную победу всех базовых принципов Вестфальского мира.

2. За 5 лет правления Пол Пота более 100 человек получили учёные звания.

3. Вторая половина прошлого века продемонстрировала человеческой цивилизации феномен «биполярного» мира.

4. Условия для жизни, предлагаемые современной рыночной глобальной экономикой, в полной мере реализуются при любой форме правления.

5. Система «сдержек и противовесов» в отношениях СССР и США не допускает возможности начала войны между двумя сверхдержавами.

6. Интервенция в дела других государств всегда ложится тяжёлым бременем на бюджет и социальную обстановку в стране-инициаторе.

7. Финансирование оппозиционных политических партий и СМИ не оказывает никакого влияния на внутриполитическую жизнь стран.

Освоение лексики

Активная лексика	
Внешняя и внутренняя политика	**Общая лексика**
1. вводить войска	1. базироваться на принципах
2. внешнеполитический курс	2. дать возможность
3. внутренний уклад жизни	3. достичь прогресса
4. гражданская война	4. истина в последней инстанции
5. демократическая форма правления	5. конфликтующие стороны
6. диктаторский режим	6. краеугольный камень
7. локальные конфликты	7. оставлять выбор
8. мирное сосуществование	8. придерживаться точки зрения
9. национальный суверенитет	9. принцип равноправия
10. недопустимость вмешательства извне	10. разрешить конфликт
11. оружие массового поражения	11. расширить свое влияние
12. официальное объявление войны	12. система «сдержек и противовесов»
13. порождать массовые протесты	13. создавать комфортные условия
14. права человека	14. уходить на второй план
15. прямая военная интервенция	15. формальный повод

Расширение словарного запаса

A. Закончите тематические карты, созданные в первой части, используя активную лексику.

B. Установите соответствие словосочетаний (левая колонка) их значениям (правая колонка).

1. геополитическая система
2. геополитическая обстановка
3. национальный суверенитет
4. мировой порядок
5. уклад жизни
6. оружие массового поражения

a. свобода, независимость, права нации на самоопределение

b. а) мир и стабильность в международных отношениях; б) тип отношений между разными государствами

c. система, которая сложилась на основе географических, территориальных, политических принципов

d. ситуация в мире или определённом регионе с учётом географических, политических, военных и экономических факторов

e. оружие, которое приводит к большим разрушениям и гибели большого количества людей

f. тип экономических, политических, социальных отношений в обществе, государстве

C. Закончите высказывания, употребив следующие слова в нужной грамматической форме.

Список слов		
равноправие повсеместное распространение страна-инициатор	внешнеполитический курс противовес	социально-экономиче- ский эксперимент сверхдержава супердержава

1. В результате интервенции страдает не только слабое государство, которое подверглось нападению, но и _____.
2. Принципы Вестфальского мира мешали агрессивным планам некоторых государств, они служили своеобразным _____.
3. Политика вмешательства одних государств в дела других препятствует их _____.
4. В мировой истории инициаторами перекраивания карты мира чаще всего выступали _____
5. Политический курс Пол Пота мировыми политиками рассматривается как крайне неудачный _____.
6. Вмешиваясь в дела слабых государств, сильные державы определяют не только их внутреннюю политику, но и _____.
7. Идея построения «общества будущего» получила _____.

D. Образуйте все возможные словосочетания, подобрав к глаголам (левая колонка) слова и словосочетания из правой колонки. В случае затруднений обращайтесь к тексту статьи.

1. допускать/допустить *что*?
2. выступать/выступить *за что*?
3. расширять/расширить *что*?
4. разрешать/разрешить *что*?
5. порождать/породить *что*?
6. соблюдать/соблюсти *что*?
7. базироваться *на чём*?

a. вмешательство извне
b. конфликт
c. демократические принципы
d. массовые протесты
e. права человека
f. распространение демократических ценностей
g. возможность начала войны
h. проблема
i. противоречие
j. влияние
k. людские потери и разрушения

E. Используйте образованные словосочетания, чтобы составить предложения или вопросы с целью взять интервью у жителя страны, которая в данный момент вовлечена в международный конфликт.

Исследование смыслов

A. Распределите слова и словосочетания из списка активной лексики по следующим колонкам:

Слова с положительным оттенком значения	Нейтральная лексика	Слова с отрицательным оттенком значения
•	•	•
•	•	•
•	•	•
•	•	•
•	•	•
•	•	•

B. Составьте 5 вопросов, которые вы могли бы задать одному из мировых лиде-
ров, используя лексику с положительным оттенком значения.

C. Прочитайте определения понятий «интервенционизм» и «невмешательство».
Интервенционизм—политика вторжения, вмешательства, обычно вооружен-
ного, одного или нескольких государств во внутренние дела другого государства или во взаимоотношения этого государства с третьими государствами.
Невмешательство—один из основных принципов современного международного права, закрепленный в Уставе ООН, в соответствии с которым не допу-
скается прямое или косвенное вмешательство государства во внутренние дела
другого государства или какого-либо народа.

D. Найдите слова и выражения из активной лексики, которые можно использовать
при описании политики интервенционизма или невмешательства, и распределите их по соответствующим колонкам таблицы:

Интервенционизм	Невмешательство
• • • •	• • • •

E. К словам из списка активной лексики (Колонка А) подберите синонимы
(Колонка Б) и антонимы (Колонка В).

Колонка А	Колонка Б	Колонка В
вводить	вторжение	выводить
вмешательство	открытый	демократический
дать	паритет	ложь
диктаторский	правда	невмешательство
истина	увеличить	неравенство
прямой	предоставить	уменьшать
равноправие	размещать	отнять
расширить	тоталитарный	скрытый

F. Закончите предложения, используя слова из таблицы в пункте D.

1. Отсутствие явной враждебности в официальной риторике еще не означает . . .
2. На последнем заседании ООН обсуждался вопрос . . .
3. Лидеры стран союза пришли к выводу о необходимости . . .
4. Позиция республиканской партии по вопросу внешней политики сводится к . . .
5. Взаимодействие внутри альянса строится на принципах . . .
6. В ходе переговоров было принято решение о . . .
7. Участники конгресса по международной безопасности обсуждали возможность . . .
8. Результатом встречи на высшем уровне стало . . .

G. Обратите внимание: в русском языке слова могут иметь одинаковое значение, но употребляться в разных стилях речи. Дополните предложения: из данных в справке синонимов выберите нужное слово, учитывая стиль речи.

Справка
Слова *часто, нередко, зачастую, во многих случаях*—синонимы, они обозначают, что что-либо происходит или происходило много раз в короткие промежутки времени. Слова *часто, нередко*—нейтральные, они употребляются во всех стилях речи, словосочетание *во многих случаях* обычно употребляется в книжной речи, слово *зачастую* употребляется только в разговорной речи.

1. Сверхдержавы _____ стараются расширить своё влияние за счёт вмешательства во внутренние дела третьих стран.
2. В наше время непроверенные факты _____ становятся поводом к вмешательству в дела других государств.
3. Диктаторские режимы _____ не оставляют населению права свободного выбора.
4. Мне не нравится этот человек, он _____ берет мои книги и _____ не возвращает.

H. Установите соответствия между устойчивыми выражениями и их значениями. Найдите в тексте статьи предложения с этими выражениями и объясните их значения.

1. заручиться поддержкой кого? чего?

2. составлять исключение где? в чём?

3. базироваться на каких? принципах

4. реализовать что? в полной мере

5. ознаменовать полное крушение кого? чего? где? в чём?

6. расширить влияние где? в чём?

a. стать символом крушения кого? чего? где? в чём?

b. основываться на каких-либо принципах

c. быть исключением где? в чём?

d. получить поддержку кого? чего?

e. стать более влиятельным, увеличить влияние где? в чём?

f. выполнить что? полностью

I. Прочитайте следующую информацию.

Справка
• **лечь (быть, являться) тяжёлым бременем *на кого? на что?*** — стать проблемой, представлять трудность;
• **быть (стать, являться) краеугольным камнем *чего? в чём?*** — быть (стать) основным, базовым принципом чего-либо;
• **быть (стать, являться) истиной в последней инстанции** — быть (стать) единственно правильным, не требующим доказательства, не нуждаться в подтверждении, объяснении;
• **иметь (приобрести) наибольший размах** — иметь (приобрести) наибольший масштаб, размер;
• **мнения *кого? о чём? по поводу чего?* разделились** — у кого-либо сложились разные мнения по поводу определенной проблемы, задачи, вопроса.

J. Составьте предложения с данными выше фразеологизмами.

K. Прочитайте слова и выражения из статьи, с помощью которых можно охарактеризовать политику государства. Объясните, как вы их понимаете:

1. интервенция в дела других государств
2. насильственное вмешательство во внутренние дела других стран
3. диктаторский режим
4. политика мирного сосуществования
5. соблюдать права человека
6. не допускать вмешательства извне
7. разрешать внутренние конфликты своими силами
8. опираться на принцип равноправия государств
9. повсеместно распространять демократические ценности
10. вести кровавые гражданские войны

L. Скажите, какие из выражений в упражнении K можно употребить, чтобы охарактеризовать:

- внешнюю политику государства;
- его внутреннюю политику;
- агрессивную политику страны;
- демократическую политику.

M. Подумайте и скажите, какие из этих слов и выражений можно использовать для описания общества, в котором вы живете. Аргументируйте свой ответ.

Обсуждение статьи

A. Работая в парах, ответьте на следующие вопросы к статье «Демократия извне и изнутри: дилемма современной геополитики», используя словосочетания из списка активной лексики.

1. Какие принципы межгосударственных отношений были заложены Вестфальским миром? Соблюдаются ли эти принципы на современном этапе? Аргументируйте свой ответ.
2. По мнению автора, приход XX века ознаменовал собой полное крушение всех базовых принципов Вестфальского мира. Согласны ли вы с этим утверждением? Если да, объясните, что могло стать причиной такого крушения.
3. Что автор пишет об экономическом развитии Китая? Объясните, чем вызван экономический успех этого государства.

4. Автор описывает трагические события в Камбодже и говорит о том, что одновременно с теми событиями человечество покоряло космос и создавало комфортные условия для общества потребления (абзац 4). Какую цель ставил перед собой автор, создавая такой контраст?

5. Согласно тексту, США и СССР стремились расширить своё влияние на геополитическую обстановку нередко за счёт насильственного вмешательства во внутренние дела третьих стран. Как официально объяснялось такое вмешательство?

6. Что автор пишет о преимуществах и недостатках вмешательства более сильного государства в конфликт, возникший между более слабыми государствами? Приведите примеры такого вмешательства в современном мире. Оправдано ли оно? Аргументируйте свою позицию.

7. Согласно автору, афганская война, начатая СССР в целях поддержки социалистического строя в Афганистане, явилась одной из причин развала Советского Союза. Объясните это утверждение.

8. Что пишет автор о значении СМИ и социальных сетей в преобразовании внутреннего уклада государства? Каким образом деятельность СМИ связана с прошедшей в 2011 году волной арабских революций?

9. Что говорится в тексте о принципе равноправия государств? Применяется ли этот принцип в современных международных отношениях? Аргументируйте свой ответ.

10. Что такое «информационная война»? Используя критерий масштабности последствий, сравните такую войну с прямой военной интервенцией.

Построение критического дискурса

Работа с подтекстом

A. В предложениях ниже найдите дипломатические эквиваленты следующим словосочетаниям: ввести войска, вооруженный конфликт, убиты и ранены, военные действия, многочисленные жертвы.

1. В регионе сохраняется напряженность.

2. В боях пострадало свыше сорока человек.

3. В этой обстановке нежелательно было бы пойти на крайние меры.

4. Неосторожный шаг правительства в конфликте может иметь непредсказуемые последствия.

5. Санкции, применяемые ООН в отношении Ирака, оказываются малоэффективными.

B. Подготовьте небольшой обзор новостей, в котором бы отражалась свежая информация о вмешательстве, упомянутая в СМИ, используя слова и словосочетания, типичные для речевого стиля дипломатии.

Построение предположений

A. Прочитайте следующую цитату из Военной доктрины Российской Федерации (2010 год):

> «Российская Федерация считает правомерным применение Вооруженных Сил и других войск для отражения агрессии против нее и (или) ее союзников, поддержания (восстановления) мира по решению Совета Безопасности ООН, других структур коллективной безопасности, а также для обеспечения защиты своих граждан, находящихся за пределами Российской Федерации, в соответствии с общепризнанными принципами и нормами международного права и международными договорами Российской Федерации».

B. Поразмышляйте над содержанием данной цитаты в свете следующих вопросов:

1. Отражает ли поддержка Россией Сирии в гражданской войне, начавшейся в 2011 году, Военную доктрину Российской Федерации?

2. Что такое агрессия?

3. Оправдано ли применение силы одним государством в случае демонстрации агрессии другим государством?

4. Каковы последствия вмешательства во внутригосударственный конфликт постороннего государства?

C. Выскажите свои предположения, используя конструкции «**если . . . , то . . .**»
и «**если бы . . . , то . . .**». Обратите внимание на использование вводных слов
наверное, вероятно, очевидно, скорее всего, возможно, может, несомненно в
данных конструкциях.

условия	+	возможные последствия
• Если что-то случится,		• то что-то случится.
• Если что-то делается,		• то, очевидно, что-то происходит.
• Если бы кто-то что-то сделал,		• то, вероятно, что-то бы произошло.
• Если бы что-то произошло,	→	• то, скорее всего, что-то бы произошло.
• Если бы что-то было сделано,		• то, наверное, что-то могло бы случиться.
• Если бы что-то не было сделано,		• то, возможно, удалось бы предотвратить что-то.

Ролевая игра

A. Выберите одну из ролей и представьте её, используя, как минимум, 10 активных
словарных единиц из списка активной лексики.

Ситуация: Собрание ООН, на котором обсуждаются возможные стратегии
реакции на угрозу гражданской войны в одном из регионов.

Роль А: Представитель страны, выступающий за интервенцию.

Роль Б: Представитель страны, строго выступающий против вмешательства.

Роль В: Представитель страны, вовлечённой в конфликт, выступающий за
вмешательство.

Роль Г: Представитель страны, вовлечённой в конфликт, выступающий против
вмешательства.

Аудирование

A. Перед тем, как прослушать запись, постарайтесь предсказать все возможные аргументы, которые будут использованы каждой из сторон. Заполните следующую таблицу:

Вмешательство иностранных правительств во внутренние дела суверенных государств обосновано	Вмешательство иностранных правительств во внутренние дела суверенных государств неправомерно
•	•
•	•
•	•
•	•
•	•
•	•

B. 🎧 **Первое прослушивание. Цель: понять общую аргументацию.** Прослушайте запись 2.2 и отметьте в заполненной вами таблице аргументы, которые вы услышали. Добавьте в таблицу те аргументы из записи, которые вы не внесли перед прослушиванием.

C. **Второе прослушивание. Цель: уловить конкретные детали.** Прослушайте запись второй раз и оцените аргументы как сильные или слабые. Какие моменты в представлении и/или поддержке аргумента повлияли на вашу оценку?

A. Какая из сторон выдвинула наиболее убедительные аргументы? Процитируйте самый сильный, на ваш взгляд, аргумент.

В. В каждом споре за кем-то всегда остается последнее слово. Попробуйте предположить, как можно было бы ответить на последний аргумент, прозвучавший в записи.

Построение аргументации: письмо

Эссе: тезис

Любая письменная работа начинается с удачно сформулированного тезиса. Тезис— это положение, кратко излагающее основную мысль автора. Удачно сформулированный тезис может оцениваться по следующим критериям:

1. Тезис выражает одну ключевую мысль. Тезис, построенный вокруг нескольких идей, затрудняет понимание поставленной автором проблемы.
2. Тезис предельно конкретен. Точно сформулированный тезис не только отражает суть проблемы, но и обозначат рамки выбранной темы.
3. Тезис выражает определенную позицию, которую занимает автор. Нужно четко определить для себя, какой стороны вы придерживаетесь, и отстаивать именно ее.

А. Внимательно прочитайте приведенные тезисы и оцените их, основываясь на приведённых выше критериях. Отметьте знаком плюс хорошо сформулированные тезисы и знаком минус—неудачно сформулированные тезисы. Обоснуйте свое суждение.

1. Прежде, чем вмешиваться во внутренние дела другого государства, необходимо учитывать такие факторы, как возможные потери среди мирных жителей и эффективную стратегию вывода войск из страны.
2. Военное вмешательство неэтично.
3. Иногда военное вмешательство является необходимым.
4. Военное вмешательство может быть оправдано, когда жизнь большинства гражданского населения находится под угрозой.
5. Существуют как положительные, так и отрицательные стороны вмешательства одного государства во внутренние дела другого.
6. Ни одно государство не имеет права вмешиваться в дела другого, если только не существует непосредственной угрозы со стороны последнего.

В. Прочитайте эссе и найдите его главный тезис. Обратите внимание на то, как все содержимое работы направлено на раскрытие данной идеи.

Правомерность внешнего вмешательства во внутренние дела государства

Современный мировой порядок характеризуется большим количеством внутригосударственных конфликтов, возникающих в силу как экономических, так и мировоззренческих и религиозных причин. Как правило, мировое сообщество не оставляет такие конфликты без внимания и старается разрешить их как путем переговоров, так и путем вмешательства во внутренние дела государства. Однако соответствует ли такое вмешательство нормам международного правопорядка или нарушает их? Очевидно, что внешнее вмешательство является правомерным только в том случае, если оно направлено на защиту прав человека, оказание гуманитарной помощи, и способствует разрешению внутригосударственного конфликта, а также одобрено международными институтами в сфере международной безопасности, в частности Советом Безопасности ООН.[1]

Стоит вспомнить Гражданскую войну в Сирии, начавшуюся в марте 2011 года и факт применения химического оружия—оружия массового поражения—внутри страны в августе 2013 года. После появившихся в конце августа сообщений о химатаке в пригороде Дамаска, которая унесла жизни более 350 сирийцев, США и ряд других стран заговорили о возможности начала военной операции против Сирии. Реальность вмешательства США в Сирию с целью защиты мирного

населения от возможности последующих химатак позволила на международном уровне достичь соглашения о передаче химического оружия Сирии под международный контроль для последующего его уничтожения.[2] Таким образом, угроза внешнего вмешательства в сирийский внутренний конфликт дала возможность спасти многие жизни.

Одним из ярких примеров положительных последствий внешней интервенции является вмешательство США в Ливанский кризис 1958 года, когда президент Ливана Шамун предпринял попытку изменить конституцию, чтобы остаться у власти на новый срок. В ответ в стране вспыхнуло мусульманское восстание. Оно быстро переросло в гражданскую войну, и через некоторое время повстанцы завладели четвертью территории страны. Во внутригосударственный конфликт вмешались США. Как следствие, американские войска смогли быстро взять ситуацию под свой контроль, после чего в Ливан прибыл американский дипломат Роберт Д. Мёрфи и убедил президента Шамуна подать в отставку.[3] Следовательно, внешнее вмешательство способствовало быстрому окончанию гражданской войны в Ливане. А самое главное—многочисленные потери среди мирного населения были предотвращены.

Хотя внешнее вмешательство часто оправдано гуманитарными целями, истории известны случаи, когда такое вторжение на самом деле преследовало цели свержения правящего режима. Примером такого вмешательства является операция вооружённых сил США по вторжению в Доминиканскую Республику в 1965 году, предпринятая для свержения пришедшего к власти в результате гражданской войны левого правительства Франсиско Каманьо. Официальной причиной вторжения США в Доминиканскую Республику стала необходимость защиты граждан США.[4] И хотя США не открыли мировому сообществу истинных причин событий 1965 года, вряд ли кто-то не согласится с тем, что

последствием действий США стало формирование либеральной политики в Доминиканской Республике.

Таким образом, внешнее вмешательство во внутригосударственные дела независимого государства нередко оказывает позитивное влияние на такое государство, а в случае военного конфликта часто предотвращает многочисленные жертвы. Такое вмешательство может быть оправдано только гуманитарными целями, такими как защита прав и свобод человека, оказание помощи собственным гражданам, оказание гуманитарной помощи, а также должно быть одобрено Советом Безопасности ООН.

Литература

1. См. также «Доклад тысячелетия» за 2000 год бывшего Генерального секретаря ООН Кофи Аннана.
2. *В Сирии началась работа по ликвидации химического оружия*. РБК, от 1 октября 2013 года.Доступно на: http://top.rbc.ru/politics/01 /10/2013/879964.shtml.
3. Tinguy, Edouard de. The Lebanese Crisis of 1958 and the U.S Military Intervention. //

Revue d'Histoire Diplomatique.—Paris: A. Pédone.—2007.—Vol. 4.
4. Подробнее см., *Вмешательство во внутренние дела Доминиканской Республики*. Доступно на: http://www.msps.ru/politika -stran-voennogo-bloka-nato/vooruzhennyie -konfliktyi/vmeshatelstvo-vo-vnutrennie-dela -dominikanskoy-respubliki.

C. Составьте тезис, отражающий вашу позицию относительно военного вмешательства. Обменяйтесь тезисами в парах и оцените их на основании приведенных выше критериев.

От теории к практике: эссе

A. Письменно изложите свою позицию по проблеме «интервенция или невмешательство» в эссе из пяти абзацев, суммируя все изученное в рамках данной темы. Не забудьте использовать активную лексику.

Построение аргументации: практика речи

Стратегии ведения дебатов

A. Прочитайте следующую информацию и выполните упражнение.

Справка

В главе 1 мы обсудили первую из пяти стратегий ведения дебатов—гипотезу или вопрос «что если . . . ». В этом разделе мы рассмотрим вторую стратегию—вопросы-определения, которые можно использовать при обсуждении темы распространения демократии или нарушения суверенитета.

Поддержать или опровергнуть утверждение можно при помощи аргумента, который содержит в себе чёткое объяснение понятий, которые используют обе стороны. Отправной точкой этой стратегии является использование определений, которые можно найти в словаре.

B. Просмотрите текст, выделите ключевые слова или фразы, которые вы смогли бы использовать в поддержку своей позиции в дебатах. Например, если ваш аргумент заключается в том, что нет оправдания иностранным правительствам, которые вмешиваются во внутренние дела суверенных государств, вы можете сконцентрироваться на определении понятий «суверенитет», «вмешательство» и «территориальное единство», а также концепциях, лежащих в основе этих понятий и связанных с ними.

Перечислите пять ключевых слов или фраз с их определениями, которые поддерживают ваш аргумент.

1. _____
2. _____
3. _____
4. _____
5. _____

C. Во время дебатов вы можете использовать эти определения в поддержку своего аргумента. Например, вы можете спросить следующее: «Если все согласны с тем, что «суверенитет» обозначает «абсолютную независимость государства от других государств во внешних отношениях и верховенство во внутренних делах», каким образом может одно государство законно нападать на другое?»

Основываясь на определениях, которые вы перечислили выше, составьте пять предложений или вопросов, которые вы смогли бы использовать во время дебатов.

1. _____
2. _____
3. _____
4. _____
5. _____

D. Готовясь к дебатам, вы можете постараться предугадать, какие определения ваши оппоненты будут использовать в поддержку своих аргументов. Вы можете составить аргумент против этих определений, указав на их слабые стороны. Например, оппонент, основываясь на определении «морали», может представить аргумент о том, что вмешательство оправдано. Вы можете предъявить контраргумент о том, что определение «морали» – ответственность граждан определённого государства. Следовательно, мораль в понимании одного государства не является моралью в понимании другого государства.

Просмотрите текст и перечислите пять ключевых слов или фраз с их определениями, которые могут быть использованы оппонентами. Предложите свои контраргументы.

1. _____
2. _____
3. _____
4. _____
5. _____

E. Повторение и применение. В предыдущем разделе мы обсуждали использование гипотез или вопросов «что если . . . ? ». Составьте аргумент-гипотезу по теме, которую мы обсуждаем в этом разделе. Готовясь к дебатам, постарайтесь применить эти аргументы для того, чтобы поддержать свою позицию в дебатах. Попробуйте использовать как аргументы-гипотезы, так и аргументы-определения во время дебатов.

Оформление высказывания

А. *Изучите следующие речевые формулы для оформления своего высказывания.*

1. Я мог(ла) бы согласиться с вашей позицией, если бы . . . , но . . .
2. Я не могу согласиться с этой точкой зрения, так как . . .
3. Возможно, более весомые аргументы в пользу . . . убедили бы меня в . . .
4. В вашем аргументе есть рациональное зерно, хотя статистика говорит о следующем: . . .
5. Аргумент о том, что . . . , звучит неубедительно, так как . . .

Конструкции для ответов на вопросы

А. *Во время дебатов может случиться так, что вы не поняли вопрос, который вам задали. Используйте следующие* **уточняющие вопросы**, *если возникает подобная ситуация.*

- Правильно ли я понял(-а), что вы спрашиваете о . . . ?
- Вы бы хотели, чтобы я обратил(-а) внимание на . . . или на . . . ?
- Боюсь, я не совсем понял(-а) ваш вопрос. Не могли бы вы уточнить, что вы имеете в виду?
- Что конкретно вы бы хотели узнать о . . . ?
- Что вы подразумеваете под . . . ?
- Не могли бы вы переформулировать вопрос, так как мне не совсем ясно, что вы имеете в виду?

От теории к практике: дебаты

А. Устная презентация. Подготовьте устную презентацию на 3–5 минут, представляя свою позицию. Порепетируйте и запишите себя на аудио. Прослушайте то, что получилось. Постарайтесь исправить неудачные, на ваш взгляд, моменты. Подготовьтесь к выступлению в классе.

В. Дебаты. Итак, настало время попробовать себя в дебатах. Постарайтесь собрать все свои заметки, касающиеся аргументов, активной лексики, предложений и предположений по данной теме. Помните, что записи можно использовать только в качестве подсказки.

Подведение итогов

A. Проанализируйте работу, которую вы проделали при подготовке к дебатам.

1. Я считаю, что я был(а) готов(а) к дебатам на эту тему.
2. Я вложил(а) много сил в подготовку к дебатам на эту тему.
3. Я с нетерпением ждал(а) своего выступления в дебатах на эту тему.

1	2	3	4	5	6
Полностью согласен (-на)	Согласен (-на)	В некоторой степени согласен (-на)	Несколько не согласен (-на)	Не согласен (-на)	Полностью не согласен (-на)

B. Если большая часть ваших ответов оказалась в диапазоне от 4–х до 6–ти, то что, по вашему мнению, нужно сделать, чтобы перейти в диапазон от 1–ого до 3–х?

Назовите **десять** ключевых словосочетаний из списка активной лексики, которые, на ваш взгляд, оказались наиболее полезными во время дебатов.

1. _____
2. _____
3. _____
4. _____
5. _____
6. _____
7. _____
8. _____
9. _____
10. _____

УРОК

3

Перераспределение
богатства или
самообеспечение

«Платить или не платить—вот в чем вопрос»

Подготовка к чтению

Введение в проблему

A. Возьмите интервью у трех человек на ваш выбор (у носителей русского языка, если возможно, и у тех, кто изучает русский как иностранный). Запишите ответы на следующие вопросы:

    1. Насколько большая разница в доходах богатых и бедных существует в вашей родной стране?

    2. Какие факторы определяют разницу в доходах в разных странах?

    3. Какими способами, на ваш взгляд, можно было бы сократить разницу в доходах?

B. Используйте карту перераспределения богатства, чтобы
описать страны, упомянутые
в ваших интервью. *Богатство
на душу населения (в долла-
рах): светло-синий—до 2000,
зеленый—от 2000 до 10000,
оранжевый—от 10000 до 50000,
красный—более 50000, белый—
нет данных.*

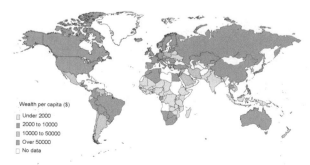

(Credit: This map is a reproduction of a map created by UNU-WIDER, which com-
missioned the original research for the map and holds copyright thereon. Used by
permission of UNU-WIDER.)

C. В группах представьте результаты опросов на занятии. Во время своей мини-презентации ответьте на следующие вопросы, а также придумайте два собственных вопроса, чтобы продолжить дискуссию.

1. Как соотносятся данные ваших интервью с данными карты?
2. Насколько разными были ответы респондентов?
3. Что могло повлиять на разницу в ответах (если таковая имеется)?
4. _____
5. _____

D. Изучите справку о значениях понятий «перераспределение богатства» и «самообеспечение». Объясните, какая из двух концепций совпадает с вашим собственным мнением по данному вопросу и почему.

Справка

Перераспределение богатства—изъятие части доходов у одних лиц с целью передачи другим, более в них нуждающимся. Эта политика направлена на выравнивание социального положения одной группы по сравнению с остальными членами общества.	**Самообеспечение**—способность человека обойтись собственными ресурсами, без помощи других. Согласно этому принципу, человек должен обеспечивать себя сам и не ждать никакой поддержки от государства.

E. Исходя из заглавия статьи «Платить или не платить—вот в чем вопрос», составьте список проблем, которые могут обсуждаться в тексте.

1. предоставление льгот нуждающимся
2. _____
3. _____
4. _____
5. _____

Создание тематических карт

А. Вспомните как можно больше слов, относящихся к темам перераспределения богатства и самообеспечения. Распределите эти слова так, чтобы показать логические связи между ними по следующему образцу.

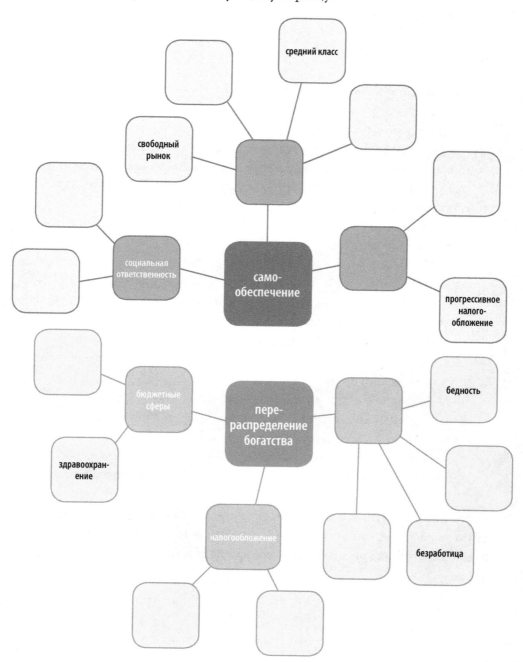

B. Дополните свои тематические карты, сравнив их с картами одногруппников. После заполнения каждой из двух карт определите точки их соприкосновения: в каких аспектах вопросы перераспределения богатства и самообеспечения пересекаются?

Обсуждение фактов и мнений

A. Прочитайте басню Льва Толстого.

Ровное наследство
(Басня)

У одного купца было два сына. Старший был любимец отца, и отец все свое наследство хотел отдать ему. Мать жалела меньшего сына и просила мужа не объявлять до времени сыновьям, как их разделят: она хотела как-нибудь сравнять двух сыновей. Купец ее послушал и не объявлял своего решения.

Один раз мать сидела у окна и плакала; к окну подошел странник и спросил, о чем она плачет?

Она сказала: «Как мне не плакать: оба сына мне равны, а отец хочет одному сыну все отдать, а другому ничего. Я просила мужа не объявлять своего решения сыновьям, пока я не придумаю, как помочь меньшому. Но денег у меня своих нет, и я не знаю, как помочь горю».

Странник сказал: «Твоему горю легко помочь; поди объяви сыновьям, что старшему достанется все богатство, а меньшому ничего; и у них будет поровну».

Меньшой сын, как узнал, что у него ничего не будет, ушел в чужие страны и выучился мастерствам и наукам, а старший жил при отце и ничему не учился, потому что знал, что будет богат.

Когда отец умер, старший ничего не умел делать, прожил все свое имение, а младший выучился наживать на чужой стороне и стал богат.

B. Исходя из содержания этой басни, скажите, какими были бы взгляды Л. Толстого на распределение богатства? Согласны ли вы с Л. Толстым? Подумайте над конкретными аргументами в поддержку своего мнения, затем обсудите их в парах.

Изучение проблемы

Чтение статьи

А. Прочитайте статью «Платить или не платить—вот в чем вопрос». Заполните таблицу, выписав представленные в ней аргументы. Дополните таблицу собственными аргументами.

Правительство должно регулировать перераспределение богатства	Правительство не должно регулировать перераспределение богатства
•	•
•	•
•	•
•	•
•	•
•	•
•	•

В. 🎧 Проверьте произношение новых слов, прослушав Аудиозапись 3.1.

Платить или не платить—вот в чём вопрос

Сергей Капитонов

Первостепенной основой существования любой экономической системы является человеческий капитал. В среднем каждый человек отдаёт работе почти две трети своей жизни и вправе рассчитывать на определённые социальные блага со стороны государства при выходе на пенсию, в случае потери трудоспособности или вынужденной безработицы, при этом социальное обеспечение предоставляется за счёт налоговой нагрузки на других членов общества. Залогом успешного развития любой экономики является достижение «золотой середины» между социальной политикой и налоговой нагрузкой как на каждого индивида в отдельности, так и на бизнес в целом. При этом в разных государствах существуют различные подходы к проблеме реализации как самой социальной политики, так и налоговых инструментов для её претворения.

Западное общество стремительно «стареет»: согласно ряду прогнозов, к середине XXI века треть населения развитых стран будет старше 60 лет, и, разумеется, далеко не все смогут продолжать трудовую деятельность до глубокой старости.[1] Даже если не углубляться в морально-этические нормы, абсолютно справедливо полагать, что любой человек хотел бы видеть своих родителей в старости счастливыми и ни в чём не нуждающимися, но как бы цинично это ни звучало—в данном случае за счастье приходится платить, и платить немалую цену. В большинстве стран мира существует система социальных налогов, которая зачастую ложится тяжёлым бременем на бизнес. Достаточно вспомнить налогообложение в странах Северной Европы, так называемых «социальных государствах». С другой стороны, эта система даёт людям счастливую старость, обеспечивая их теми возможностями, которых они зачастую были лишены в предшествующие годы, проведённые в

создании продуктов и услуг, которыми теперь пользуются их дети и внуки.

В некоторых странах Востока, таких как Китай и Индия, к проблеме социальной политики совсем другое отношение. Так, в Китае пенсию получают только служащие государственных организаций, остальные же члены общества либо вовсе лишены материальной поддержки в старости, либо обладают правами только на получение базовых благ, таких как одежда или еда.[2] Однако не стоит навешивать ярлык несправедливости на проводимую Поднебесной социальную политику: общество Востока основывается на определённых постулатах, одним из которых является необходимость заботы детей о престарелых родителях. На Востоке каждый ребёнок впитывает с молоком матери принципы уважения к старшим, заботы о немощных и снисходительности к бедным.

Ценности западной культуры немногим отличаются от культуры восточной, однако современное общество предоставляет западному человеку немного шансов для их претворения в жизнь. Безумный темп жизни зачастую не оставляет человеку времени для заботы о самом себе, не говоря уже об окружении.

Пенсионная система, социальное обеспечение инвалидов и детей-сирот, выплата пособий по безработице—всё это ложится тяжёлым грузом на плечи государства, которое старается подобрать нужный ключ к налоговой политике, наиболее уязвимой к проблеме современного общества. «Перегибание палки» в налогообложении компаний чревато замедлением экономического роста или уходом бизнеса в тень, а установка кабальных налогов для граждан может породить социальные протесты. С давних времён умы философов занимала проблема выведения идеальной формулы налога на доходы граждан. В конце концов, одной из наиболее справедливых была признана модель прогрессивного налогообложения: чем больше зарабатывает человек, тем выше процентная ставка по подоходному налогу. Данная система успешно работает много десятков лет в Европе, США, Японии, в каждой стране со своими особенностями, но единым принципом. В то же время в большинстве этих государств законодательно установлен минимальный уровень необлагаемого налогом дохода, призванный защитить наименее обеспеченных и социально незащищённых членов общества. Наиболее богатые граждане платят налоги по высоким ставкам. Например, в Швеции максимальная ставка подоходного налога равна 56%, в Дании—59%.[3]

Однако применение прогрессивного налога не лишено своих недостатков. Зачастую случается, что частное лицо является гораздо более социально ответственным, нежели государство. В ситуации уменьшения бюджетных доходов государству сначала приходится увеличивать потолок внешних заимствований, а в случае невозможности этого—все выплаты социально уязвимым категориям населения могут быть сокращены. Частный же инвестор,

эффективно распоряжаясь своими деньгами, может существенно увеличить их стоимость за небольшой промежуток времени и, при должном уровне социальной ответственности, способен гораздо эффективнее их потратить на социальные проекты. Ведь нет разницы, кто выделяет деньги, например, на строительство приютов для бездомных или на стипендии талантливым детям-сиротам, а если частное лицо способно сделать это быстрее и эффективнее, так, может, стоит не повышать налоговую нагрузку, а внедрять инструменты для повышения социальной ответственности? Схожая ситуация может быть отнесена и к бизнесу.

Согласно Конституции, Россия является социальным государством, а обеспечение достойных условий жизни и свободного развития человека—один из приоритетов российской политики. С развалом Советского Союза многие достижения страны в социальной сфере оказались «погребёнными» под обломками системы, а для создания новых в тяжёлые 1990-е годы не хватало сил. Однако со временем ситуация нормализовалась, а Россия стала более соответствовать прописанным в основном законе принципам. Однако, к сожалению, целый ряд проблем до сих пор является нерешённым. Так, Москва является мировой столицей по количеству миллиардеров, при этом в России до сих пор все категории граждан платят пропорциональный подоходный налог по единой ставке в 13%, хотя уже долгое время ведутся дискуссии об изменении данной практики.[4]

Сферой, где предпринимаются серьёзные шаги для исправления социальных перекосов, является бизнес, однако и здесь далеко не всё гладко, а прилагаемые усилия зачастую приводят к противоположному эффекту. Так, повышение налоговой нагрузки на бизнес, с одной стороны, приводит к улучшению социального обеспечения, а с другой стороны, заставляет малый и средний бизнес начинать думать о «налоговой оптимизации», что в текущих российских реалиях далеко не всегда значит оффшор, а, скорее, переводится как коррупционная схема. Данные «трудности перевода» не добавляют оптимизма при анализе текущей ситуации в России, однако заставляют думать в направлении совершенно конкретных изменений. Как знать, быть может, они не за горами . . .

Литература

1. "World Population Ageing: 1950–2050," United Nations, New York, 2001 http://www.un.org/esa/population/publications/worldageing19502050/.
2. Jeffrey Hays, "Elderly People, Retirement and Graying of China," 2008 http://factsanddetails.com/china.php?itemid=106&catid=4&subcatid=21.
3. Alan Reynolds, "Marginal tax rates," The Concise Encyclopedia of Economics http://www.econlib.org/library/Enc/MarginalTaxRates.html.
4. Н. Римашевская, «Реформирование социальной сферы России: проблемы, поиск и решения», http://www.socpolitika.ru/rus/social_policy_research/discussion/document372.html.

Проверка понимания

A. Выберите наиболее подходящий ответ на каждый вопрос.

1. Что из следующего автор отмечает в своей статье?
   a. В восточных обществах существует достаточно детей, чтобы позаботиться о пожилых.
   b. Представители западного общества не хотят заботиться о своих престарелых родственниках.
   c. Тяжелое налоговое бремя может вызвать крах компаний, которые едва сводят концы с концами.
   d. Прогрессивное налогообложение ведёт к большему равенству в доходах.
2. Какие из следующих средств распределения доходов обсуждаются в тексте?
   a. Прогрессивное налогообложение.
   b. Национализация нефтяной отрасли.
   c. Конфискация частной собственности.
   d. Ограничение получения фондовых опционов руководителями компании.

3. Что именно перераспределяется, когда речь идет о перераспределении богатства?

   a. Финансовые доходы.

   b. Природные ресурсы.

   c. Активы компаний.

   d. Частная собственность.

4. Какой вывод можно сделать из последнего абзаца об отношении автора к вопросу распределения богатства в России?

   a. В настоящее время России нужно сосредоточить свои усилия на помощи компаниям, чтобы создать прочную экономическую основу.

   b. России необходимо задуматься над снижением налогов или отмене их для самых бедных членов общества.

   c. Существует несколько решений для России, и правительство должно рассматривать разные варианты.

   d. Перераспределение в России обречено на неудачу из-за растущей коррупции.

5. По мнению автора, необходимо внедрять инструменты для повышения социальной ответственности бизнеса, так как:

   a. компании смогут платить больше налогов.

   b. частный инвестор способен гораздо эффективнее потратить деньги на социальные проекты, чем государство.

   c. необходимо противостоять забастовкам рабочих.

   d. необходимо пополнить государственный бюджет дополнительными налогами.

6. Исходя из содержания первого абзаца, политика перераспределения богатства оправдана тем, что:

   a. каждый человек отчисляет в бюджет государства подоходный налог на протяжении всей жизни и имеет право на социальное обеспечение.

   b. необходимо финансировать систему всеобщего образования и здравоохранения.

   c. необходимо оказывать помощь развивающимся странам.

   d. в государстве существует единый бюджет, средства из которого должны распределяться между всеми членами общества.

Освоение лексики

Активная лексика	
Государство и общество	**Общая лексика**
1. выйти на пенсию	1. анализ текущей ситуации
2. достойные условия жизни	2. вести дискуссию
3. единая налоговая ставка	3. вывести формулу
4. забота о немощных	4. звучать цинично
5. малый и средний бизнес	5. золотая середина
6. материальная поддержка	6. ложиться тяжелым бременем
7. ни в чем не нуждаться	7. морально-этические нормы
8. подоходный налог	8. платить немалую цену
9. пособие по безработице	9. подобрать ключ к чему-то
10. потеря трудоспособности	10. предоставлять шанс
11. прогрессивное налогообложение	11. претворять в жизнь
12. служащие государственных организаций	12. прилагать усилия
13. социальное обеспечение	13. противоположный эффект
14. трудовая деятельность	14. ряд проблем
15. эффективно распоряжаться своими деньгами	15. соответствовать принципам

Расширение словарного запаса

A. Закончите тематические карты, созданные в первой части, используя слова активной лексики.

B. Слово «налог» происходит от праславянской формы «ложити, ложж—налагать» и в современном русском языке обозначает «плата в бюджет государства, которая является обязательной для граждан и организаций». Установите соответствие словосочетаний (левая колонка) с их значениями (правая колонка) и прокомментируйте их.

1. налоговая система	a. процесс установления и взимания налогов в стране
2. налогообложение	b. организация или физическое лицо, которые обязаны платить налоги
3. налогоплательщик	c. налог, ставка которого увеличивается при росте величины облагаемого дохода.
4. подоходный налог	
5. налоговая нагрузка	
6. необлагаемый минимум доходов	d. совокупность налогов, сборов, пошлин и других обязательных отчислений в бюджет
7. налоговая политика	e. комплекс мероприятий в области налогообложения, направленный на достижение целей пополнения бюджета государства
8. прогрессивный налог	
	f. отношение суммы налогов и отчислений к сумме прибыли предприятия
	g. полученные платежи, льготы, выгоды и т. д., которые не подлежат обложению налогом
	h. основной вид прямых налогов, обязательный платеж, взимаемый с доходов физических лиц или организаций (заработной платы, прибыли и т.д.)

C. Заполните пропуски в предложениях словосочетаниями, связанными со словом «налог».

1. _____—налог, ставка которого увеличивается при росте величины облагаемого дохода.
2. Плательщиками _____ _____ являются физические лица независимо от возраста, гражданства и других признаков, имеющие самостоятельный источник доходов.
3. Подоходным налогом облагаются доходы, превосходящие _____ _____ _____ граждан.
4. _____ _____—сумма налогов и взносов в государственную казну, которую должен заплатить налогоплательщик.

D. Прокомментируйте значение словосочетаний в следующих группах. Удалите из них лишние словосочетания и объясните связь между оставшимися словами.

1. материальная поддержка социально уязвимых категорий населения	безумный темп жизни	забота о немощных и бедных	социальное обеспечение инвалидов и детей-сирот
2. морально-этические нормы социальной жизни	ценности социума	пропорциональный подоходный налог	принципы взаимоуважения
3. кабальные налоги	налоговый инструмент социальной политики	система социальных налогов	прогрессивное налогообложение

Исследование смыслов

A. Найдите в статье упоминания о Швеции, Дании, Японии, Китае, Индии и США. Работая в парах, используйте словосочетания активной лексики, чтобы ответить на вопросы о каждой стране.

1. Существует ли в этой стране перераспределение богатства в равном количестве?
2. Какие факторы вероятнее всего способствуют этому перераспределению?
3. Какое влияние оказало это перераспределение на граждан?
4. Какой совет вы могли бы дать президенту своего государства?

B. Объясните значение следующих словосочетаний из текста статьи.

- платить *социальный* налог
- *социальный* проект правительства
- *социальный протест* неимущих граждан
- *социальная ответственность* государства
- *социальная политика* страны
- достижения государства в *социальной сфере*
- «*социальное государство*»
- *социальное-обеспечение* инвалидов и детей-сирот
- получать *социальные блага* от государства
- *социально-защищённая* категория населения
- *социально-незащищённые* члены общества
- *социально-ответственные* граждане
- *социально уязвимый* слой населения

C. Как вы думаете, какие из словосочетаний характеризуют политику заботы государства о населении, а какие следует использовать для критики неудачной социальной политики государства?

D. Соотнесите цитату из высказываний каждого выдающегося политического деятеля с её основной идеей в таблице ниже. Выпишите, как минимум, три словосочетания, относящихся к цитате, которые объясняют точку зрения политика.

E. С кем из перечисленных ниже политиков вы согласны. Объясните свою точку зрения.

Мы все вышли из социализма со всеми вытекающими последствиями. А в США изначально формировалась национальная доктрина, что человек должен быть успешным, он должен добиться всего сам и должен бояться попасть в бедность.

(А. Суринов, глава Федеральной службы государственной статистики)

Рост экономики будет опираться на социальные сдвиги, связанные с ростом среднего класса, активных и созидательных слоев общества.

(Э.С. Набиуллина, министр экономического развития РФ)

Мы обязаны серьезно изменить ситуацию в неравенстве наших граждан и принципиально решить вопрос с бедностью.

(В.В. Путин, Президент РФ)

Органы власти не должны быть владельцами пароходов, газет, самолетов.

(Д.А. Медведев, Президент РФ в 2008–2012 гг.)

Основная идея	Словосочетания
1. Активный средний класс—основа экономики	Уплата налогов, обеспечение социальных нужд общества, снижение безработицы
2. Недопустимость обогащения государственных служащих за счёт налогоплательщиков	
3. Социальное равенство граждан	
4. Необходимость самообеспечения	
5. Преодоление бедности собственным трудом	

F. Проанализируйте таблицу, которая показывает налоговые ставки в различных странах. Сравните налоговые ставки в разных странах, используя обороты из справки ниже. Используйте, как минимум, 5 словарных единиц в своем ответе.

	Средний подоходный налог (2005)		Средний подоходный налог (2005)
Корея	17	Нидерланды	38.25
Мексика	18	Греция	38.50
Новая Зеландия	21	Испания	39
Ирландия	26	Дания	42
Япония	27	Турция	43
Австралия	28	Польша	44
Исландия	29	Чехия	44.25
Соединённые Штаты Америки	29	Финляндия	44.50
Швейцария	29.50	Италия	45
Канада	32	Австрия	46
Соединённое Королевство	34	Швеция	47
Люксембург	35	Венгрия	49
Португалия	36	Франция	50
Норвегия	37	Германия	52
Словакия	38	Бельгия	55

*На основе данных ОЭСР от 2005 года.

G. Выберите страну, указанную в таблице, и прокомментируйте, способствуют ли существующие в этой стране налоговые ставки благосостоянию ее граждан. В своём ответе используйте знания об экономическом положении в стране, уровне экономического неравенства, количестве и качестве социальных услуг, а также любую другую информацию по данному вопросу. Используйте, как минимум, 5 единиц активной лексики в своём ответе.

H. Прочитайте следующую информацию.

Справка

Слова *намного, гораздо, далеко не, отнюдь не* усиливают значение прилагательных и наречий, выражающих качество (характеристику, оценку объекта). Слова *намного, гораздо* используются при высказывании положительной оценки, слова *далеко не, отнюдь не*—при высказывании отрицательной оценки. Проанализируйте таблицу:

намного гораздо	сравнительная степень прилагательного сравнительная степень наречия	Эта налоговая система намного (*гораздо*) успешнее. Бизнесмены финансируют социальные проекты намного (*гораздо*) успешнее. Эта налоговая система намного (*гораздо*) более успешная. Бизнесмены финансируют социальные проекты намного (*гораздо*) более успешно.
отнюдь не далеко не	прилагательное местоимение существительное наречие краткая форма прилагательного/ причастия	*отнюдь не* (*далеко не*) бедный человек *отнюдь не* (*далеко не*) все (не каждый) *отнюдь не* (*далеко не*) герой *отнюдь не* (*далеко не*) быстро

I. Образуйте все возможные словосочетания, подобрав к глаголам (левая колонка) слова и словосочетания из правой колонки. В случае затруднений обращайтесь к тексту статьи. Используйте эти словосочетания при подготовке к проведению дебатов.

1. прилагать/приложить *что?*   a. дискуссия
2. вести/провести *что?*   b. помощь
3. нуждаться *в ком? в чём?* c. результат
4. порождать/породить *что?* d. усилия
5. приводить/привести *к чему?* e. эффект
                f. протест
                g. поддержка
                h. спор
                i. полемика

J. Установите соответствия между фразеологизмами (левая колонка) и их значениями (правая колонка). Найдите в тексте статьи предложения с этими выражениями и объясните их значения.

1. золотая середина
2. навешивать/навесить ярлык *кому? на кого?* (*негат.*)
3. предпринимать/предпринять серьезный шаг
4. *где? в чём? у кого?* не всё гладко
5. впитать *что?* с молоком матери
6. ложиться/лечь (быть, являться) тяжелым грузом *на кого? на что?*/на плечи *кого?*
7. не оставлять/не оставить выбора кому? *в чём?*
8. подбирать/подобрать (нужный) ключ *к кому?*
9. перегибать/перегнуть палку *в чём?* (*негат.*)

a. усвоить что-либо в раннем детстве
b. совершить важный, решительный поступок
c. взвешенное решение, благоразумная позиция, отказ от крайностей
d. давать несправедливую характеристику, обидное название кому-либо, чему-либо
e. иметь проблемы где-либо, в чём-либо
f. найти способ воздействия, влияния на кого-либо
g. создавать кому-либо трудности, проблемы
h. проявлять слишком большое старание, превысить норму, впадать в крайность
i. заставлять/заставить кого-либо что-либо сделать

К. Скажите, какие из вышеупомянутых выражений можно употребить, чтобы охарактеризовать человека, который:

1. старается занимать нейтральную позицию;
2. выбирает крайние меры в решении проблем;
3. умеет найти контакт и/или общий язык даже с трудным в общении человеком;
4. имеет проблемы в работе или личной жизни;
5. придумывает несправедливые, обидные прозвища;
6. хорошо понял, запомнил что-либо, научился чему-либо в детстве;
7. дела и поступки которого доставляют трудности, неприятности другим людям;
8. не предоставляет альтернативных решений;
9. является решительным в осуществлении задуманного.

Обсуждение статьи

А. Работая в парах, ответьте на следующие вопросы к статье «Платить или не платить—вот в чём вопрос», используя словосочетания из списка активной лексики.

1. Исходя из содержания первого абзаца, скажите, что является успешным развитием любой экономики?
2. В чём, согласно мнению автора статьи, заключаются недостатки и преимущества социальных налогов?
3. Автор пишет, что в Китае пенсию получают только государственные служащие. Каково ваше личное мнение по этому поводу? Аргументируйте свой ответ.
4. Как вы считаете, целесообразно ли было бы внедрить систему пенсионного обеспечения Китая в США? Почему?
5. По мнению автора, налоговая политика является самой уязвимой проблемой общества. Согласны ли вы с этим утверждением? Аргументируйте свой ответ.
6. К каким последствиям в обществе может привести чрезмерное повышение налоговых ставок?
7. Автор пишет, что прогрессивная система налогообложения является самой успешной. Согласны ли вы с этим утверждением? Аргументируйте свой ответ.
8. Что такое социальная ответственность бизнеса? Приведите примеры.
9. Расскажите, как бизнес может быть вовлечён в решение социальных проблем общества.
10. Что такое налоговая «оптимизация бизнеса»?Какие проблемы с ней связаны?

Построение критического дискурса

Построение сложных предложений

А. Прочитайте следующую информацию.

Справка

Союз *как . . . , так и . . .* служит для выражения присоединительных отношений между частями сложного предложения. *Син. и, и . . . , и . . . , (а) также.*

Словосочетание *в то же время* служит для связи между предложениями или частями сложного предложения. Оно выражает отношения сопоставления разных явлений, аспектов одной проблемы, о которых говорится в предложениях. *Син. вместе с тем, всё-таки, но, однако.*

Словосочетание *в конце концов* также служит для связи между предложениями или частями сложного предложения для выражения результата, итога какого-либо, как правило, длительного процесса. *Син. в итоге.*

В. Перефразируйте следующие предложения из статьи, используя данные в справке союзы.

1. Каждый человек вправе рассчитывать на определённые социальные блага со стороны государства. Социальное обеспечение ему предоставляется за счёт налоговой нагрузки на других членов общества.

2. В разных государствах существуют различные подходы к проблеме реализации социальной политики, а также налоговых инструментов для её претворения.

3. В Китае пенсию получают только служащие государственных организаций. Остальные члены общества либо вовсе лишены материальной поддержки в старости, либо обладают правами только на получение базовых благ.

4. Система прогрессивного налогообложения успешно работает и в Европе, и в США.

5. В период социально-политических реформ в стране не было условий для проведения социальной политики. Ситуация нормализовалась.

C. Сравните пары предложений. Скажите, как меняется их содержание в зависимости от порядка слов. Запомните: в русской речи слова, передающие наиболее важную информацию, как правило, стоят в конце предложения.

1. В стране целый ряд проблем остаётся нерешённым. В стране остаётся нерешённым целый ряд проблем.

2. Обеспечение достойных условий жизни и свободного развития человека—один из приоритетов российской политики. Один из приоритетов российской политики—обеспечение достойных условий жизни и свободного развития человека.

D. Передайте содержание предложений из текста статьи, последовательно меняя важность их разных компонентов. Постарайтесь дать все возможные варианты.

1. Со временем ситуация в России нормализовалась.
2. Москва является мировой столицей по количеству миллиардеров.
3. Сферой, где предпринимаются серьёзные шаги для исправления социальных перекосов, является бизнес.
4. Повышение налоговой нагрузки на бизнес приводит к улучшению социального обеспечения.

E. Используя данную ниже таблицу, соедините предложения из левой и правой колонок так, чтобы установить уступительные отношения между процессами и явлениями.

Процесс (явление) 1	Процесс (явление) 2
Все граждане платят подоходный налог по единой ставке	Москва является мировой столицей по количеству миллиардеров.
Россия стала более соответствовать прописанным в законе принципам	ряд проблем до сих пор является нерешённым.
Большинству пожилых граждан в Китае оказывается материальная поддержка	пенсию получают только государственные служащие.
Система прогрессивного налогообложения успешно работает в Европе, США, Японии	в каждой стране есть свои особенности реализации этой системы.

Построение предположений

A. Прочитайте следующую цитату из выступления Дмитрия Медведева на XII Петербургском международном форуме (2008):

> «По мнению многих ведущих экспертов, сегодня в мире всё сильнее проявляются последствия столкновений многолетней тенденции к глобализации и стремления отдельных стран защитить свой экономический суверенитет, а также получить максимальные выгоды для своих граждан, что называется, не делясь этими выгодами с соседями. По сути, речь идёт о растущем экономическом эгоизме».

B. Поразмышляйте над содержанием данной цитаты в свете следующих вопросов:
1. Что такое «экономический эгоизм» в понимании Дмитрия Медведева?
2. Необходимо ли перераспределять ресурсы между различными государствами?
3. Каковы последствия перераспределения богатства между различными государствами?
4. Приведите примеры перераспределения богатства, а также концентрации богатства в России и США.

C. Постройте свои предположения, используя конструкции «**если . . . , то . . .**» и «**если бы . . . , то . . .**». Обратите внимание на использование вводных слов **наверное**, **вероятно**, **очевидно**, **скорее всего**, **возможно**, **может**, **несомненно** в данных конструкциях.

УСЛОВИЯ +	ВОЗМОЖНЫЕ ПОСЛЕДСТВИЯ
• Если что-то случится,	• то что-то случится.
• Если что-то делается,	• то, очевидно, что-то происходит.
• Если бы кто-то что-то сделал,	• то, вероятно, что-то бы произошло.
• Если бы что-то произошло,	• то, скорее всего, что-то бы произошло.
• Если бы что-то было сделано,	• то, наверное, что-то могло бы случиться.
• Если бы что-то не было сделано,	• то, возможно, удалось бы предотвратить что-то.

A. Выберите одну из данных ниже ролей и обыграйте её, используя, как минимум, 10 слов из активной лексики.

> **Ситуация:** Кандидат в президенты проводит встречу со своим электоратом. Присутствуют как состоятельные бизнесмены, так и представители низших слоёв общества.
>
> Роль А: В своей избирательной кампании кандидат в президенты старается сохранять баланс между интересами состоятельных избирателей и избирателей из низших слоёв общества.
>
> Роль Б: Кандидат на пост вице-президента.
>
> Роль В: Представитель бедных слоёв населения.
>
> Роль Г: Представитель среднего класса.
>
> Роль Д: Состоятельный бизнесмен.

▌ Аудирование

Перед прослушиванием

A. Перед тем, как прослушать запись, постарайтесь предсказать все возможные аргументы, которые будут использованы каждой из сторон. Заполните следующую таблицу.

Правительство должно регулировать перераспределение богатства	Правительство обязано предоставить людям возможность обеспечивать самих себя
•	•
•	•
•	•
•	•
•	•
•	•
•	•

B. 🎧 **Первое прослушивание. Цель: понять общую аргументацию.** Прослушайте запись 3.2 и отметьте в заполненной вами таблице аргументы, которые вы услышали. Добавьте в таблицу те аргументы из записи, которые вы не внесли перед прослушиванием.

C. **Второе прослушивание. Цель: уловить конкретные детали.** Прослушайте запись второй раз и оцените аргументы как сильные или слабые. Какие моменты в представлении и/или поддержке аргумента повлияли на вашу оценку?

После прослушивания

A. Какая из сторон выдвинула наиболее убедительные аргументы? Процитируйте самый сильный, на ваш взгляд, аргумент.

B. В каждом споре за кем-то всегда остается последнее слово. Попробуйте предположить, как можно было бы ответить на последний аргумент, прозвучавший в записи.

Построение аргументации: письмо

Эссе: план

Эссе должно не только содержать в себе убедительные аргументы, подтверждающие тезис, но и должно иметь чёткую структуру. Убедительная аргументация строится по следующему принципу: обзор проблемы и высказывание своей позиции во введении, три аргумента в поддержку тезиса с конкретными примерами в качестве доказательств, обзор контраргументов в основной части, подведение итогов и перифраз тезиса в заключении.

A. Прочитайте приведенное ниже эссе. Составьте его план по следующей схеме:
Тезис (основная идея эссе): _____
Аргумент 1: _____
Доказательство 1: _____
Аргумент 2: _____
Доказательство 2: _____
Аргумент 3: _____
Доказательство 3: _____
Контраргументы: _____
Перифраз тезиса: _____

Перераспределение богатства или самообеспечение

В современном мире, в условиях ограниченных ресурсов, к наиболее актуальным относятся вопросы, связанные с наполнением государственного бюджета и финансированием социальных программ. Бюджет многих государств можно назвать дефицитным. Именно поэтому некоторые страны сознательно идут на повышение налогов, в частности, для богатых. Либеральная политика государства, направленная на финансирование программ социального обеспечения и связанная с повышением налогов для богатых, ведёт к тому, что создаются инструменты, при которых малообеспеченные категории людей живут за счёт социального обеспечения, а состоятельные граждане чувствуют себя несправедливо наказанными за честный труд.

В январе 2013 года в США был принят закон, направленный на предотвращение роста дефицита бюджета (the American Taxpayer Relief Act of 2012). Данный законодательный инструмент предусматривает повышение налоговых отчислений в бюджет с доходов богатых, в том числе рост ставки налога, взымаемого с дивидендов, а также недвижимого имущества, стоимость которого превышает определённые суммы.[1] Очевидно, что данный закон является попыткой правительства решить проблемы, накопившиеся в государстве вследствие неудачной

политики в прошлом. Финансирование ряда социальных программ, в частности, пособий по безработице, привело к тому, что создавались стимулы, при которых гражданам, не имеющим профессиональных навыков, выгоднее было сидеть дома и не работать вообще.[2] Таким образом, они не платили налогов в бюджет и не стремились работать или получать образование. Создалась ситуация, при которой один налогоплательщик «тянул» на себе двоих или троих безработных, что и привело к бюджетному дефициту.

Подобное положение вещей характерно и для стран Европейского Союза. Во многих странах ЕС, в частности в Бельгии, Германии и Швеции, ставка подоходного налога достигает 50%.[3] Полученные налоговые отчисления идут на реализацию социальных программ, финансируемых государствами, а с недавних пор—на преодоление бюджетного кризиса. К сожалению, общие для государства проблемы решаются за счёт богатых людей под прикрытием достижения «общего блага» и тем, что состояние богатых не пострадает, если они будут отчислять в бюджет больше, чем нуждающиеся слои населения.

Проблема перераспределения богатства также актуальна и на уровне международных отношений: более развитые страны вынуждены предоставлять кредиты государствам, нуждающимся в финансовой помощи. Стоит вспомнить финансовый кризис в Греции. Одной из причин финансового дефолта Греции стал дисбаланс между налоговыми поступлениями в бюджет и государственными расходами.[4] В поисках решения проблемы Греция обратилась за помощью к Международному валютному фонду и Центробанку ЕС.[5] Однако в связи с тем, что в Европе к данному моменту образовалось единое экономическое пространство, проблемы Греции придется решать именно развитым странам Европы, таким как Франция и Германия, что не может не сказаться в конечном итоге на экономическом климате всех членов ЕС.

В то же время, противники политики самообеспечения считают, что многие международные объединения и организации, такие как ЕС, ООН и МВФ создаются именно для того, чтобы решать проблемы социального и финансового благосостояния государств-членов коллективно,

в частности, за счёт перераспределения богатства.[6] Однако, финансирование экономики Греции за счёт налогоплательщиков Германии, чревато внутренними социально-экономическими проблемами: финансируя экономику Греции, Германия вынуждена сокращать бюджет своих собственных социальных программ. Если бы такие государства, как Греция изначально проводили бы политику самообеспечения, кризис можно было бы избежать.

Таким образом, политика перераспределения богатства под маской благородной миссии помощи нуждающимся приводит к формированию общества ленивых и зависимых граждан, где труд и инициатива наказуемы. Чтобы решить проблему бюджетного дефицита, необходимо создавать стимулы для того, чтобы граждане думали о своём обеспечении самостоятельно, а не питались хлебом, заработанным для них другими налогоплательщиками.

Литература

1. *Доступно на* (англ.): http://www.gpo.gov /fdsys/pkg/BILLS-112hr8eas/pdf/BILLS -112hr8eas.pdf.

2. *См.* Lisa Guerin "Unemployment Benefits: How Much Will You Get—and For How Long?" *Доступно на* (англ.): http://www .nolo.com/legal-encyclopedia/unemployment -benefits-amount-duration-32447.html. *См. также* Emergency Unemployment Compensation 2008 (EUC) Program. *Доступно на* (англ.): http://www.ows.doleta .gov/unemploy/pdf/euc08.pdf.

3. *Доступно на* (рус.): http://posovesti.com.ua /News.aspx?newsID=773.

4. *Подробнее на* (рус.): http://www.rbc.ua/rus /top/show/dolgovye-problemy-gretsii-prichiny -posledstviya-perspektivy-19032012091000.

5. *Подробнее на* (рус.): http://izvestia.ru/news /469935.

6. *См.* Доклад VI 100-й сессии 2011 г. Международной конференции труда, *доступно на*: http://www.ilo.org/wcmsp5/groups /public/@ed_norm/@relconf/documents /meetingdocument/wcms_154242.pdf.

B. Составьте план собственного эссе по следующей схеме.

Тезис: _____

Аргумент 1: _____

Доказательство 1: _____

Аргумент 2: _____

Доказательство 2: _____

Аргумент 3: _____

Доказательство 3: _____

Контраргументы: _____

Перифраз тезиса: _____

C. Прочитайте два абзаца в поддержку перераспределения богатства. В каком из абзацев автор предлагает веские доказательства в поддержку своего мнения, а какой из абзацев содержит ничем не подкрепленные утверждения?

Абзац 1

С 1980 года перераспределение богатства в Соединенных Штатах изменилось кардинально: богатые стали богаче, а бедные стали беднее. Согласно данным Института экономической политики (ИЭП), содержащимся в докладе «Состояние работающей Америки», между 1983 и 2010 годом верхние 5% трудящихся увеличили свою долю в национальном доходе на 74,2 %, тогда как нижние 60% уменьшили свою долю в национальном доходе.

Абзац 2

В отличие от последних 32 лет возрастающего неравенства, между 1935 и 1975 годом в Соединенных Штатах было больше равенства. На протяжении тех лет в США существовал подоходный налог с резко прогрессирующей ставкой, и правительство тратило бюджет на поддержку среднего класса. В США была построена и существовала лучшая в мире инфраструктура, а рабочие получали заработную плату, утвержденную профсоюзами. В стране была основана лучшая система высшего образования с профессиональным преподавательским составом, и образование миллионов субсидировалось, обеспечивая возможность неполной оплаты или предоставления стипендии, было также введено пособие для демобилизованных американских солдат.

От теории к практике: эссе

A. Письменно изложите свою позицию по проблеме перераспределения богатства или самообеспечение в эссе из пяти абзацев, суммируя все изученное в рамках данной темы. Не забудьте использовать активную лексику.

Построение аргументации: практика речи

Стратегии ведения дебатов

A. Прочитайте следующую информацию и выполните упражнение.

Справка
В первых двух главах мы обсудили использование гипотез и определений. В этом разделе мы обратимся к третьей стратегии—причинно-следственным связям. Используя эту стратегию, мы создаем отношение между происходящим и результатом происходящего—причиной и следствием.

B. Просмотрите текст, обращая внимание на ключевые слова и фразы, содержащие причины и следствия, которые могли бы быть использованы вами как обоснование своей позиции в дебатах. Например, если ваш аргумент заключается в том, что правительство обязано перераспределять богатство, вы можете выделить слова и фразы в тексте, которые помогут описать общество с высоким уровнем бедности как следствие непродуманной социальной политики государства.

Перечислите пять ключевых причинно-следственных связей в поддержку своего аргумента в дебатах.

1. _____
2. _____
3. _____
4. _____
5. _____

C. Вы можете также использовать причинно-следственные связи в опровержение аргументов своих оппонентов. Например, вы можете спросить следующее:
«Принимая во внимание тот факт, что люди по своей природе ленивы, что
может произойти, если правительство будет оказывать бедным слишком большую помощь»?

Основываясь на причинно-следственных утверждениях, которые вы перечислили выше, составьте пять предложений или вопросов, которые вы смогли
бы использовать в качестве контраргументов в дебатах.

1. _____
2. _____
3. _____
4. _____
5. _____

D. Вы также можете постараться предугадать, какие причинно-следственные
связи собирается использовать оппонент. Вы можете выступить с контраргументом против определённых последствий, указывая на слабые стороны при-
чинно-следственной связи. Например, оппонент может привести аргумент, что
в результате перераспределения богатства богатые решают не создавать больше
благ, так как усилия не стоят вознаграждения: правительство «ворует» их
деньги. Вы можете выстроить собственный контраргумент, основанный на том,
что состоятельные люди способствуют развитию сильного среднего класса.

Просмотрите текст и перечислите пять ключевых причинно-следственных
связей, которые могли бы быть использованы оппонентом в обоснование его
позиции в дебатах. Затем составьте свои контраргументы относительно этих
связей.

1. _____
2. _____
3. _____
4. _____
5. _____

E. Повторение и применение. В предыдущих главах мы обсуждали использование гипотезы или вопросов «что, если..?», а также использование определений
в качестве стратегии в дебатах. Составьте аргументы, содержащие гипотезы и
определения, по теме, которую мы рассматриваем в этом разделе. Готовясь к
дебатам, используйте эти аргументы в обоснование или в опровержение своей
позиции в дебатах. Постарайтесь использовать в дебатах как гипотезы, так и
определения.

Оформление высказывания

A. *Изучите следующие речевые формулы для оформления своего высказывания.*
1. С одной стороны . . . , с другой стороны, . . .
2. В дискуссии о . . . противоречивым моментом является . . .
3. В то время как одни придерживаются точки зрения о том, что . . . , другие убеждены, что . . .
4. Хотя . . . часто не находит широкой поддержки, следует отметить, что . . .
5. Заявление о . . . является не обоснованным, потому что . . .

Конструкции для ответов на вопросы

A. Во время дебатов вы **не всегда располагаете полной информацией**. Об этом *можно сообщить, используя следующие выражения:*
- Этот вопрос, определённо, требует дополнительного изучения. Предлагаю обсудить его по электронной почте.
- Боюсь, на данный момент я не располагаю данными, чтобы дать вам исчерпывающий ответ. Оставьте, пожалуйста, свои координаты, чтобы я мог(-ла) с вами связаться по поводу этого вопроса.
- Нам необходимо обратиться к определённым данным, которыми я, боюсь, не располагаю на данный момент.
- Ваш вопрос вне сферы моей компетенции, поэтому, боюсь, я не могу дать на него ответ.

От теории к практике: дебаты

A. Устная презентация. Подготовьте устную презентацию на 3–5 минут, представляя свою позицию. Порепетируйте и запишите себя на аудио. Прослушайте то, что получилось. Постарайтесь исправить неудачные, на ваш взгляд, моменты. Подготовьтесь к выступлению в классе.

B. Дебаты. Итак, настало время попробовать себя в дебатах. Постарайтесь собрать все свои заметки, касающиеся аргументов, активной лексики, предложений и предположений по данной теме. Помните, что записи можно использовать только в качестве подсказки.

■ Подведение итогов

А. Проанализируйте работу, которую вы проделали при подготовке к дебатам.

    1. Я считаю, что я был(а) готов(а) к дебатам на эту тему.

    2. Я вложил(а) много сил в подготовку к дебатам на эту тему.

    3. Я с нетерпением ждал(а) своего выступления в дебатах на эту тему.

1	2	3	4	5	6
Полностью согласен (-на)	Согласен (-на)	В некоторой степени согласен (-на)	Несколько не согласен (-на)	Не согласен (-на)	Полностью не согласен (-на)

В. Если большая часть ваших ответов оказалась в диапазоне от 4–х до 6–ти, то что, по вашему мнению, нужно сделать, чтобы перейти в диапазон от 1–ого до 3–х?

Назовите **десять** ключевых словосочетаний из списка активной лексики, которые, на ваш взгляд, оказались наиболее полезными во время дебатов.

1. _____
2. _____
3. _____
4. _____
5. _____
6. _____
7. _____
8. _____
9. _____
10. _____

УРОК
4

Культурное единство или многообразие

«Здравствуй, новая Родина!»

Подготовка к чтению

Введение в проблему

A. Ответьте на вопросы:
1. Имена каких известных людей, указанные в первой колонке, вам знакомы?
2. Заполните таблицу, собрав информацию о каждом из перечисленных ниже известных иммигрантов: откуда и куда они мигрировали, в чем заключаются их основные достижения.

	Откуда	Куда	Достижения
Альберт Эйнштейн			
Зигмунд Фрейд			
Ирвинг Берлин			
Мартина Навратилова			
Джозеф Пулитцер			

3. Куда бы вы иммигрировали, если бы у вас была такая возможность? Почему?

4. Эмигрировали ли ваши родственники? Откуда? Почему?

5. Как вы думаете, по каким причинам люди мигрируют?

B. Посмотрите на приведенные ниже статистические данные за 2010 год о топ-10 странах с наибольшим количеством мигрантов. Выберите одну из стран и составьте список возможных причин увеличения числа мигрантов. Обсудите в парах, в чем схожи, а в чем различны ваши ответы.

Топ-10 стран с наибольшим числом международных мигрантов (в тысячах)	
Соединённые Штаты Америки	42,813
Российская Федерация	12,270
Германия	10,758
Саудовская Аравия	7,289
Канада	7,202
Франция	6,685
Великобритания	6,452
Испания	6,378
Индия	5,436
Украина	5,258
Мир[a]	213,943,812

[a]Top Ten: 52% of the world's total.
Source: United Nations Department of Economic and Social Affairs, Population Division, Trends in International Migrant Stock: The 2008 Revision, UN database, (New York: United Nations Department of Economic and Social Affairs, Population Division, 2009). Available at http://esa.un.org/migration/index.asp?panel=1

Страна _____
Возможные причины высокого числа мигрантов:

1. Соседство с развивающимися странами

2. _____

3. _____

4. _____

5. _____

Создание тематических карт

А. Вспомните как можно больше слов по теме сохранения культурной идентично-
сти и поощрения культурного многообразия. Распределите эти слова так, чтобы
показать логические связи между ними по следующему образцу. Оставьте неза-
полненными места для ответов, поскольку по прочтении статьи вы сможете
добавить к ним больше информации.

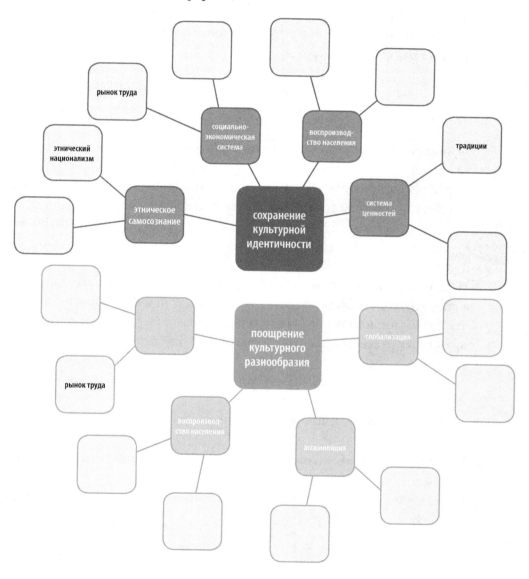

Обсуждение фактов и мнений

А. Прочитайте приведенные ниже цитаты из выступлений ведущих российских политиков.

> . . . критерием безопасности миграционной политики для коренного населения России должно стать недопущение образования этнически обособленных общин и анклавов, особенно склонных к росту и усилению культурного, а потом и политического обособления от коренного народа принимающей страны.
>
> С.В. Никитин
> председатель Подкомитета Государственной
> Думы РФ по миграционной политике

> Глубоко убежден, попытки проповедовать идеи построения русского «национального», моноэтнического государства противоречат всей нашей тысячелетней истории. Более того, это кратчайший путь к уничтожению русского народа и русской государственности.
>
> В.В. Путин
> Президент РФ

> Надо признать, что национальные проблемы существуют, надо признать, что они вызваны не тем, что есть народы плохие и хорошие, а тем, что власти им позволяют. Национальная политика должна строиться на принципах равенства, на том, что закон един для всех.
>
> К.А. Крылов
> главный редактор журнала «Вопросы национализма»

В. Ответьте на следующие вопросы и заполните таблицу согласно полученной информации.
  1. Что, по мнению политиков, является причиной национальных проблем в любом государстве?
  2. Какие из политиков выступают за иммиграцию? Какие против? Какие аргументы каждый выдвигает?

3. С какими аргументами вы согласны? Почему?

Имя	За или против?	По каким причинам?
Никитин		
Путин		
Крылов		

Изучение проблемы

Чтение статьи

A. Прочитайте статью «Здравствуй, новая Родина!» Заполните таблицу, выписав аргументы, представленные в тексте. Дополните таблицу собственными аргументами.

Иммиграция оказывает позитивное влияние на общество	Иммиграция оказывает негативное влияние на общество
•	•
•	•
•	•
•	•
•	•
•	•
•	•
•	•
•	•

B. 🎧 Проверьте произношение новых слов, прослушав Аудиозапись 4.1.

Здравствуй, новая Родина!
Сергей Капитонов

> *Эмиграция—величайшее несчастье моей жизни*
> *и в то же время—единственный реальный выход,*
> *единственная возможность заниматься*
> *выбранным делом.*
> *Сергей Довлатов (из письма Т. Зибуновой)*

В современном мире тема эмиграции становится актуальной как никогда прежде: на конец 2010 года количество мигрантов в мире достигло 214 миллионов человек, что, для сравнения, превосходит население Бразилии.[1] Не последнюю роль в активизации миграционных процессов двух прошедших десятилетий сыграл распад социалистического блока и проведение политических реформ в его государствах-членах. Так, например, в России, согласно последним социологическим опросам, доля граждан, желающих эмигрировать, возросла в два раза за последнее десятилетие, и каждый восьмой россиянин на сегодняшний день пребывает в «чемоданном настроении».[2] При этом данная тенденция вовсе не обязательно означает ухудшение условий жизни в стране, просто общество становится более открытым, и львиная доля желающих уехать делает этот ответственный шаг для реализации своих возможностей в рамках другого государства. Процессы глобализации стирают границы и расстояния, и если раньше эмиграция зачастую означала разрыв всех связей с родной страной, то сейчас данный постулат является весьма спорным. Чтобы более точно отвечать всем вызовам «открытого мира» и противостоять его угрозам, перед любым государством встает задача тщательно продумывать свою иммиграционную политику.

Польза последовательной и отлаженной иммиграционной политики очевидна: привлекая в страну мигрантов, государство решает свои внутренние проблемы. Демографические процессы, например, в большинстве европейских стран и России неспособны обеспечить естественный прирост населения, количество пенсионеров стремительно увеличивается, а вместе с этим растут расходные статьи бюджетов. При отрицательной динамике численности населения темпы экономического роста замедляются, а решение данной проблемы всего одно—стимулирование притока экономически активного населения в страну извне. При этом, если большинство иммигрантов представлено высокообразованными людьми, польза для государства возрастает в геометрической прогрессии: в таком случае происходит обмен профессиональным и культурным опытом. Так, в США эмигрант из Российской Империи И.И. Сикорский создал вертолёт. Альберт Эйнштейн после отъезда из нацистской Германии работал в Принстонском университете над теорией единого поля (Theory of everything), призванной объяснить все физические процессы нашего мира. Члены труппы «Русского балета» С.П. Дягилева в эмиграции заложили основы американской школы современного танцевального искусства.

Грамотная политика в области иммиграции может дать серьёзный толчок к экономическому и культурному развитию страны, однако опрометчивая иммиграционная политика угрожает самим основам государства. Об этом не принято говорить «громко», но сама идея мультикультурного общества начинает «трещать по швам», когда страна наводняется малообразованными людьми с низким социальным статусом, из-за чего повышается уровень преступности и, что не менее страшно, уровень общественной неприязни и национализма по отношению к приезжим. Так, в Европе политики самого высокого уровня неоднократно заявляли о провале идеи мультикультурализма, вызванном, прежде всего, нежеланием иммигрантов интегрироваться в европейское

общество, создавая национальные анклавы и развиваясь исключительно в их рамках. К ярким примерам острой необходимости глубокой проработки иммиграционной политики относятся беспорядки, произошедшие в Париже в 2005 году, когда безработная молодёжь из иммигрантской среды учинила погромы на улицах французской столицы. Ответ радикальных фанатиков из числа местных жителей может оказаться кровавым и несимметричным: ужасна трагедия лета 2011 года в Норвегии, когда националист А. Брейвик расстрелял несколько десятков человек, чтобы «привлечь внимание общества к кризису мультикультурной системы в Европе».

Ещё одним недостатком масштабных миграций из одного государства в другое, характерным для наименее развитых регионов, является возможность возникновения гуманитарной катастрофы, вызванной чрезмерным увеличением количества населения. Такая ситуация в настоящий момент наблюдается в ряде африканских стран, когда сотни тысяч беженцев от войн и этнических конфликтов пересекают границу соседнего государства, у которого просто не хватает возможностей, чтобы обеспечить этих людей простейшими благами цивилизации, такими как еда, одежда и крыша над головой. Международное сообщество в данном случае приходит на помощь, но сколько людей умрёт от голода и антисанитарии в перенаселённых лагерях беженцев еще до вмешательства извне?!

Человек как носитель частички своей национальной культуры при переезде в другую страну непременно оказывается перед выбором: продолжать жить в рамках своей культуры или начать интегрироваться в общество новой родины. Когда количество таких людей исчисляется миллионами, и они выбирают интеграцию в окружающий их социум, тогда возникают такие уникальные феномены «плавильных котлов», как Нью-Йорк или Лондон где десятки культур во всём своём многообразии сосуществуют мирно, придавая неповторимый колорит окружающему месту, а люди работают на благо своей новой страны.

Обратная ситуация складывается, когда различные этносы выбирают путь следования национальной культуре, общения исключительно на родном языке и только с представителями своего этнического анклава. Создаётся модель «государства в государстве», возникает опасная ситуация, когда законы и обычаи прежней страны ценятся в головах эмигрантов выше, чем порядки нынешней родины. В таком случае коренные жители всегда будут относиться к приезжим предвзято, что вызовет ответную агрессию со стороны иммигрантов. Зло порождает зло, и раскол в таком обществе неизбежен. Так, запрет на ношение паранджи во Франции и Бельгии вызвал неоднозначную реакцию в данных странах: европейские

традиционалисты радовались закону, правозащитники возмущались нарушением прав человека, а мусульманское население, достигающее во Франции 10 миллионов человек, приготовилось к новым запретам.

Российская Федерация, исторически страна эмигрантов, столкнулась с ситуацией, когда после распада СССР тысячи мигрантов из новых суверенных стран устремились в Россию, люди бежали от нищеты, гражданских войн и разрухи, а приехав, сталкивались с невозможностью найти работу и, мягко говоря, прохладным отношением со стороны коренного населения. Во многом это было обусловлено внутренними экономическими проблемами России: рынок труда в 1990-х годах был неспособен переварить столько людей, претендующих в основном на должности, не требующие высокой квалификации. Сегодня ситуация серьёзно изменилась, так, темпы воспроизводства населения в России на сегодняшний день отрицательные, и, чтобы обеспечить своё устойчивое развитие в будущем, страна вынуждена полагаться на миграционный прирост. О некотором упорядочении иммиграционного хаоса прошедших десятилетий говорит факт дискуссий о необходимости изучения русского языка мигрантами, что должно стать залогом их успешной интеграции в российское общество.

Обратной тенденцией стала «утечка мозгов» из России в страны дальнего зарубежья: согласно сегодняшней статистике, 15% россиян с высшим образованием рассматривают вопрос об эмиграции.[3] Высокообразованные люди устремляются, прежде всего, в Америку и государства Западной Европы, движимые желанием продолжать дело своей жизни, на пути реализации которого в России существуют серьёзные препятствия. Наиболее болезненно для страны проходит эмиграция представителей науки, когда молодые исследователи выбирают ведение научной деятельности за рубежом, где выше зарплаты, лучше материально-техническое состояние лабораторий, а статус учёного высок и престижен. В результате, в долгосрочном периоде Россия рискует утратить ключевые конкурентные преимущества в сфере науки, так например, уже половина публикаций российской научной школы идёт из США.

Некоторые позитивные изменения в этой связи все же прослеживаются: на самом высоком политическом уровне была принята программа по стимулированию возвращения в Россию бывших соотечественников. Однако следует понимать, что по данной программе в РФ возвращаются,

прежде всего, люди из стран ближнего зарубежья, и пока конкурентный уровень жизни и ведения деятельности не будет предложен людям, выбирающим эмиграцию сегодня, не приходится ждать их возвращения на Родину завтра. В сухом остатке получается, что некоторые страны, такие как США и Канада, до сих пор опираются на миграционный приток как залог своего успешного развития в будущем, предоставляя даже нелегальным мигрантам определённые возможности для последующей легализации. Иные государства, как страны арабского Востока или Япония, сильные своим традиционализмом, привлекают мигрантов для насыщения рынка труда, но лишь с тем условием, что данный человек никогда не сможет стать гражданином их страны. В то время как подходы к иммиграционной политике в мире существенно разнятся, ясно одно: пока на планете существует неравенство во всех его смыслах, миграции будут существовать, а задачей государств становится направление бессистемных миграционных потоков в гармоничное и цивилизованное русло для развития взаимовыгодной модели сотрудничества «мигрант-государство».

Литература

1. "International Labour migration: A rights-based approach," International Labour Organization, Geneva, 2010 http://www.ilo.org/public/english/protection/migrant/download/rights_based_approach.pdf.

2. «Двадцать лет реформ глазами россиян», Институт социологии РАН, Москва, 2011 http://www.isras.ru/files/File/Doklad/20_years_reform.pdf.

3. Там же.

Проверка понимания

А. Основываясь на информации из текста, определите, какие из следующих утверждений являются верными, а какие нет. Измените неверные высказывания так, чтобы они превратились в верные.

1. Распад СССР способствовал увеличению масштабов миграции.

2. Из первого абзаца текста можно сделать вывод о том, что желание россиян эмигрировать обусловлено ухудшением жизни в стране.

3. Эмиграция в современном мире не приводит к разрыву связей с родной страной.

4. Демографические проблемы внутри страны можно решить путём привлечения иммигрантов.

5. Если большинство иммигрантов представлено высокообразованными людьми, в государстве возрастает уровень безработицы.

6. Идея мультикультурного общества начинает «трещать по швам», когда иммигранты не обладают профессиональной квалификацией.

7. Погромы, устроенные безработной молодёжью во Франции в 2005 году, связаны с непродуманной иммиграционной политикой.

8. Международное сообщество способно ликвидировать гуманитарную катастрофу в ряде африканских государств быстро и эффективно.

9. Феномен «плавильных котлов» возникает, когда иммигранты продолжают жить в рамках своей культуры.

10. Модель «государства в государстве» создаётся, когда иммигранты выбирают интеграцию в окружающий их социум.

11. После распада СССР тысячи иммигрантов в России столкнулись с невозможностью найти работу и прохладным отношением со стороны коренного населения.

12. Владение языком новой родины—залог успешной интеграции иммигранта в общество новой родины.

13. Эмиграция российских представителей науки связана с тем, что в России опасно проводить исследовательскую деятельность.

14. Возвращение в Россию бывших соотечественников возможно, если в России будут созданы конкурентные условия труда.

15. США и Канада предоставляют нелегальным мигрантам определённые возможности для последующей легализации, так как миграционный приток—залог их успешного развития в будущем.

Освоение лексики

Активная лексика	
Культурное разнообразие и целостность	**Общая лексика**
1. демографические процессы	1. в долгосрочном периоде
2. иммиграционная политика	2. взаимовыгодное сотрудничество
3. интегрироваться в общество	3. вызывать неоднозначную реакцию
4. местные/коренные жители	4. делать шаг
5. мирное сосуществование	5. международное сообщество
6. мультикультурное общество	6. оказываться перед выбором
7. нелегальные иммигранты	7 относиться предвзято
8. неприязнь к приезжим	8. препятствие на пути чего-то
9. низкий социальный статус	9. приходить на помощь
10. обмен опытом	10. противостоять угрозе
11. пересекать границу соседнего государства	11. реализовать свои возможности
12. родная страна	12. решать проблемы
13. стимулировать приток населения	13. согласно статистике
14. стирать границы	14. стать залогом чего-то
15. численность населения	15. толчок к развитию

Расширение словарного запаса

A. Закончите тематические карты, созданные в первой части, используя слова активной лексики.

B. ⊕ Обратитесь либо к Российскому Интернет корпусу, либо к Национальному корпусу русского языка (по ссылке: http://corpus.leeds.ac.uk/ruscorpora.html). Выберите один из перечисленных выше корпусов, наберите нужное слово в строке поиска. Ниже строки вас попросят отметить поисковые параметры. Для этого выберите «collocations». После этого в разделе «Context» наберите количество слов (одно или два) как слева, так и справа. Затем под «miscellaneous»выберите атрибут по умолчанию «lemma». Щелкните мышкой на кнопку «Submit». Выпишите три слова, при помощи которых можно составить словосочетания со словами из левой колонки.

Культурное разнообразие и целостность	Компоненты словосочетания		
1. иммиграция	a. нелегальная	b. волна	c. массовая
2. гражданство			
3. демографический			
4. либеральный			
5. разнообразие			
6. закон			
7. граница			
8. культура			
9. ассимиляция			
10. возможность			

C. Используя словосочетания из составленной выше таблицы, составьте пять предложений за или против принятого во Франции закона, который запрещает женщинам носить хиджаб в общественных местах.

1. _____
2. _____
3. _____
4. _____
5. _____

D. Установите соответствия между фразеологизмами (левая колонка) и их эквивалентами (правая колонка). Найдите в тексте статьи предложения с этими выражениями и объясните их значения.

1. львиная доля	a. инициировать что-либо
2. утечка мозгов	b. большее количество, значительная часть чего-либо
3. дать несимметричный ответ на что-либо	c. отъезд из страны представителей научной диаспоры
4. дать толчок чему-либо	d. ответить на что-либо негативное неадекватно, превысив нанесенный ущерб

E. Прочитайте предложения и найдите синонимичные слова и выражения к слову «мигрант». Какие слова означают иммигрантов, эмигрантов и просто мигрантов?

1. В некоторых государствах уровень общественной неприязни и национализма по отношению к приезжим возрос в последние десятилетия.
2. В 2005 г. молодежь из эмигрантской среды учинила погромы и беспорядки на улицах Парижа.
3. Сотни тысяч беженцев от войн и этнических конфликтов пересекают границы соседних государств.
4. Нередко переселенцы из других государств общаются только с представителями своего этнического анклава.
5. После распада СССР тысячи эмигрантов из новых суверенных государств устремились в Россию.
6. Изучение языка новой родины—залог успешной интеграции иммигрантов в российское общество.
7. В России принята программа по стимулированию возвращения бывших соотечественников.

F. Закончите предложения (левая колонка), выбрав подходящие по смыслу варианты (правая колонка).

1. Большая часть научной диаспоры этой страны собирается эмигрировать, учёные уже давно . . .	a. стирает границы между государствами.
2. Глобализация, активизируя миграцию, . . .	b. относится предвзято.
	c. не говорит громко.
3. Когда страна наводняется малообразованными людьми, идея мультикультурного общества . . .	d. трещит по швам.
	e. пребывают в чемоданном настроении.
4. Нередко коренной житель, негативно оценивая непривычные обычаи и традиции приезжего, к нему . . .	
5. О провале идеи мультикультурализма ни один политик . . .	

G. Прочитайте словосочетания. Изучите справку, чтобы выбрать значение приставки пере-, которое лучше всего соответствует указанным ниже глаголам.
  1. пересекать/пересечь границу государства
  2. переезжать/переехать в другую страну
  3. пересматривать/пересмотреть принципы иммиграционной политики
  4. переваривать/переварить большое количество проблем

H. Прочитайте следующую информацию.

Справка

Приставка *пере-* может иметь разные значения:
  1. изменять место, местоположение;
  2. пройти по какому-то месту, через какое-то место;
  3. изменить мнение, точку зрения;
  4. проделать большой объем работы

I. Замените выделенные слова и выражения подходящими по смыслу синонимами, выбрав их из справки ниже.

1. Идея мультикультурализма сходит на нет, когда страну **наполняют** (наводняют) мигранты-беженцы с низким уровнем образования.
2. Темпы развития многих государств повышаются в результате **приезда** (_____) в эти страны экономически активного населения.
3. После распада СССР тысячи людей из новых суверенных стран сразу же **выехали** (_____) в Российскую Федерацию.
4. Чтобы обеспечить устойчивое развитие в будущем, страна вынуждена полагаться на **миграционный прирост** (_____).
5. **Выезд интеллектуальной элиты** (_____) за рубеж наносит серьезный урон престижу страны на международном уровне.

J. Прочитайте следующую информацию.

Справка

Для того чтобы сделать речь яркой, люди используют названия явлений природы, например, связанные с темой реки, воды:

наводнить что-либо кем-либо, чем-либо (сущ. наводнение)—наполнить что-либо кем-либо или чем-либо с избытком. *Сравните*: река наводнила луга;

поток мигрантов—большое количество мигрантов. *Сравните*: туристы с трудом перебрались через бурные воды горного потока;

миграционный приток—въезд в страну определенного количества мигрантов. *Сравните*: река Ока является притоком Волги. *Син.* прирост;

отток населения—выезд определенного количества населения из страны. *Сравните*: тромб затрудняет отток крови от органа;

первая (вторая и т.д.) волна эмиграции—первый (второй и т.д.) периоды эмиграции из России;

утечка информации—потеря информации, поступление информации к конкурентам. *Сравните*: утечка нефти в Мексиканском заливе нанесла серьезный ущерб экологии;

«утечка мозгов (умов)»—массовая эмиграция ученых и высококвалифицированных специалистов;

устремиться куда-либо—быстро направиться куда-либо;

направить что-либо в какое-либо русло—придать чему-либо нужное направление (русло—место, путь, по которому течет река). *Сравните*: инженеры построили плотину и направили воды реки в искусственное русло.

Изучение смыслов

А. Найдите слова в тексте, с помощью которых можно охарактеризовать отношения «мигрант-государство». Распределите эти слова по следующим четырём
подтемам:

грамотная политика в области иммиграции	опрометчивая иммиграционная политика государства

отношение иммигранта к новой Родине	отношение коренных жителей страны к иммигрантам

B. Образуйте все возможные словосочетания, подобрав к глаголам в левой колонке слова и словосочетания из правой колонки.

1. стимулировать что?	a. проблема
2. сталкиваться/столкнуться с кем? с чем?	b. естественный прирост населения
3. угрожать кому? чему? чем?	c. конкурентное преимущество
4. интегрироваться во что?	d. трудная ситуация
5. утратить что?	e. мигранты
6. превосходить/превзойти кого? что? по чему? по какому показателю?	f. устойчивое развитие общества
	g. высокооплачиваемая должность
7. отвечать/ответить чему?	h. приток экономически активного населения
8. привлекать/привлечь кого? куда?	i. требования времени
	j. возможность найти работу
9. обеспечивать/обеспечить кого? что?	k. вызовы современности
	l. приток рабочей силы
10. претендовать на что?	m. возможность легализации
11. опираться/опереться на что?	n. миграционный приток
12. предоставлять/предоставить кому? что?	o. экономическая стабильность страны
	p. миграционные процессы
	q. культура новой родины
	r. общество другой страны
	s. приток мигрантов

C. Разыграйте одну из следующих ситуаций в парах, используя слова активной лексики.

Ситуация 1: Известный предприниматель (иммигрант) делится своей историей жизни в интервью с местным телевизионным каналом.

Ситуация 2: Кандидат в президенты отвечает на вопросы репортера о своей позиции относительно вопроса миграции.

Обсуждение статьи

А. Работая в парах, ответьте на следующие вопросы к статье «Здравствуй, новая Родина!», используя словосочетания из списка активной лексики.

1. Какие события политического характера, согласно мнению автора статьи, послужили толчком к увеличению миграции населения в России в 90-х годах?

2. Что является основной причиной увеличения эмиграционного потока из современной России?

3. Каким образом миграционный процесс влияет на государственную политику внутри страны?

4. К каким последствиям может привести либо разумно, либо плохо продуманная миграционная политика государства? Приведите конкретные примеры из текста статьи.

5. Объясните такое социокультурное явление, как «плавильный котел». Приведите примеры из статьи, в каких точках мира можно наблюдать подобный феномен?

6. Что происходит, когда представители различных эмиграционных групп следуют решению сохранить свою культурную идентичность, при этом отказываясь соблюдать нормы чужой культуры? Приведите конкретные примеры из текста.

7. Что послужило причиной неприязненного отношения со стороны местного населения к многочисленным миграционным процессам после распада СССР?

8. Какова миграционная ситуация в России на сегодняшний день? Какие факторы привели к существующей ситуации?

9. Объясните такое явление, как «утечка мозгов». Приведите примеры из текста.

10. По каким причинам молодое поколение российских ученых принимает решение эмигрировать за границу? По вашему мнению, к каким последствиям может привести такой отток ресурсов?

11. Какие усилия со стороны российских властей могут способствовать возвращению потерянных научных ресурсов в страну?

12. Какие страны используют миграционные процессы в пользу своего общего развития?

13. Какие страны предпочитают сохранить свою национальную и культурную идентичность? Каково ваше отношение к такой миграционной политике государства? Поясните, почему.

Построение критического дискурса

Построение сложных предложений

A. Прочитайте следующую информацию.

Справка
Аргументы, подтверждающие правильность какого-либо высказывания, приводятся с помощью таких выражений: • Это подтверждается *чем?*/тем, что . . . • Это подтверждает *что?*/то, что . . . • Доказательством *чему?* служит *что?*/то, что . . .

B. Как можно охарактеризовать иммиграционную политику вашей страны? Аргументируйте свой ответ, используя выражения, данные в справках выше и ниже.

C. Прочитайте следующую информацию.

Справка
Указать источник информации о фактах, процессах, явлениях можно с помощью следующих выражений: • Согласно *чему? кому?*/данным/заявлению/утверждению, точке зрения *кого?* . . . • По данным/заявлениям/утверждениям/мнению *кого? чего?* . . . • Как сообщает, утверждает, заявляет *кто?* Показывает *что?*, . . .

D. Используя выражения в скобках, назовите источник информации о приведенных ниже фактах.

1. На конец 2010 года количество мигрантов в мире достигло 214 млн. человек (результаты социологических опросов).

2. Польза последовательной и отлаженной иммиграционной политики очевидна (мнение экономистов).

3. Демографические процессы в большинстве европейских стран неспособны обеспечить естественный прирост населения (данные социологов).

4. Модель «государства в государстве» приводит к экономической и социальной нестабильности (заявления политиков самого высокого уровня).

5. Эмиграция представителей научной диаспоры может привести к потере международного престижа страны (точка зрения учёных).

E. Прочитайте следующую информацию.

Справка
Как сообщить о цели действия

Модели:

- (*Для того*) чтобы насытить рынок труда, страны Арабского Востока привлекают мигрантов.
- *Для насыщения рынка труда* страны Арабского Востока привлекают мигрантов.
- *Привлекая мигрантов*, страны Арабского Востока насыщают рынок труда.

F. Опишите действия, которые может предпринять государство для достижения цели.

Образец:

повышение экономического роста

Чтобы повысить экономический рост, государство должно стимулировать миграционный приток.

1. успешная интеграция

_____

2. решение внутренних проблем

_____

3. реализация профессиональных возможностей

_____

4. успешное развитие мультикультурного общества

_____

G. Прочитайте следующую информацию.

Справка

В русском предложении, в отличие от английского, свободный, нефикси-рованный порядок слов, точнее, компонентов предложения. Компоненты предложения включают в себя следующие:

- **субъект (группа субъектов):** В настоящее время десятки культур мирно сосуществуют в Нью-Йорке и Дели;
- **предикат (группа предикатов):** В настоящее время десятки культур **мирно сосуществуют** в Нью-Йорке и Дели;
- **объект:** Процессы глобализации стирают **границы и расстояния**;
- **распространители со значением времени, места, причины, условия и т. д. В настоящее время** десятки культур мирно сосуществуют в **Нью-Йорке и Дели.**

Каждый компонент предложения может стать темой или ремой. Тема—это предмет речи, то, о чем говорится в предложении, она стоит в начале пред-ложения. Рема—это то, что сообщается о теме, самая важная, новая часть информации, она стоит в конце предложения. Определить рему вам помо-жет вопрос, поставленный к предложению. Сравните:

Где? В настоящее время мирно сосуществуют десятки культур **в Нью-Йорке и Дели.**

Когда? Десятки культур мирно сосуществуют в Нью-Йорке и Дели **в настоящее время.**

Как? В настоящее время в Нью-Йорке и Дели десятки культур сосуще-ствуют **мирно.**

H. Передайте содержание предложений из статьи, последовательно меняя важность их компонентов. Задайте вопрос к каждому из составленных вами предложений. Постарайтесь дать все возможные варианты.

1. Запрет ношения паранджи вызвал неоднозначную реакцию во Франции и Бельгии.
2. После распада СССР тысячи мигрантов из новых суверенных стран устремились в Россию.
3. Люди бежали в Россию от нищеты, гражданских войн и разрухи.
4. На самом высоком политическом уровне была принята программа по стимулированию возвращения в Россию бывших соотечественников.
5. В современном мире существуют различные подходы к иммиграционной политике.

Построение предположений

A. Прочитайте цитату из выступления Владимира Путина на Форуме народов Юга России в Кисловодске (январь 2012 года):

> «Межэтнические противоречия с особой силой вспыхивают там, где есть управленческий и правовой вакуум; где чиновники, правоохранительная система игнорируют или не защищают закон, зачастую небескорыстно создают преференции отдельным лицам или общинам».

B. Поразмышляйте над содержанием данной цитаты в свете следующих вопросов:
1. Каковы причины межэтнических противоречий?
2. Какие действия необходимо предпринимать во избежание межэтнических противоречий?
3. Приведите пример межэтнического противоречия. Расскажите, что можно было бы сделать для избежания конфликта.
4. Какова роль правительства в развитии культурного многообразия?
5. Какова роль неправительственных организаций в поддержании межэтнического согласия?

C. Постройте свои предположения, используя конструкции «**если . . . , то . . .**» и «**если бы . . . , то . . .**». Обратите внимание на использование вводных слов **наверное, вероятно, очевидно, скорее всего, возможно, может, несомненно** в данных конструкциях

условия	+	возможные последствия
• Если что-то случится, • Если что-то делается, • Если бы кто-то что-то сделал, • Если бы что-то произошло, • Если бы что-то было сделано, • Если бы что-то было сделано, • Если бы что-то не было сделано,	→	• то что-то случится. • то, очевидно, что-то происходит. • то, вероятно, что-то бы произошло. • то, скорее всего, что-то бы произошло. • то, наверное, что-то могло бы случиться. • то, возможно, удалось бы предотвратить что-то.

Ролевая игра

А. Выберите одну из следующих ролей и представьте ее, используя, по крайней мере, 10 слов из списка активной лексики.

Ситуация: Депутаты Государственной думы обсуждают принятие закона, направленного на отслеживание нелегальных иммигрантов из пограничных государств. Согласно этому закону, властям будут предоставлены полномочия на проверку документов подозрительных лиц на улицах города.

Роль А: Иммигрант, проживающий и работающий в стране около 20 лет на законных основаниях.

Роль Б: Незаконно находящийся в стране иммигрант, покинувший родину в поисках работы и материального обеспечения своей семьи.

Роль В: Представитель соседнего государства, который согласен с необходимостью отслеживать нелегальных иммигрантов с помощью системы проверки документов.

Роль Г: Сотрудник Федеральной пограничной службы России, на которого будут возложены полномочия по проверке документов подозрительных лиц в случае принятия соответствующего законодательного акта.

Аудирование

Перед прослушиванием

A. Перед тем, как прослушать запись, постарайтесь предсказать все возможные аргументы, которые будут использованы каждой из сторон. Заполните следующую таблицу.

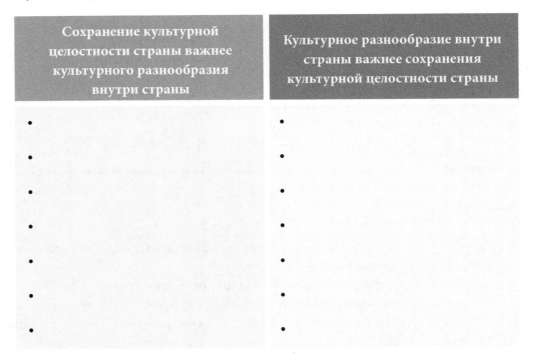

Сохранение культурной целостности страны важнее культурного разнообразия внутри страны	Культурное разнообразие внутри страны важнее сохранения культурной целостности страны
•	•
•	•
•	•
•	•
•	•
•	•

B. 🎧 **Первое прослушивание. Цель: понять общую аргументацию.** Прослушайте запись 4.2 и отметьте в заполненной вами таблице аргументы, которые вы услышали. Добавьте в таблицу те аргументы из записи, которые вы не внесли перед прослушиванием.

C. **Второе прослушивание. Цель: уловить конкретные детали.** Прослушайте запись второй раз и оцените аргументы как сильные или слабые. Какие моменты в представлении и/или поддержке аргумента повлияли на вашу оценку?

После прослушивания

A. Какая из сторон выдвинула наиболее убедительные аргументы? Процитируйте самый сильный, на ваш взгляд, аргумент.

B. В каждом споре за кем-то всегда остается последнее слово. Попробуйте предположить, как можно было бы ответить на последний аргумент, прозвучавший в записи.

Построение аргументации: письмо

Эссе: абзац

Основное правило по написанию абзаца состоит в том, что каждый абзац должен выражать только одну логически завершённую идею автора, подкрепленную несколькими иллюстрациями, относящимися к теме. Если таких иллюстраций слишком много, то стоит разбить их на отдельные абзацы.

В приведённом ниже абзаце предложения тесно связаны между собой и выражают общую мысль. Обратите внимание на выделенные курсивом слова и выражения, которые употребляются в функции вводных слов и союзов, а также на то, каким образом данные слова облегчают восприятие текста и обеспечивают плавный переход от одной мысли к другой.

Сторонники более жёсткой миграционной политики утверждают, что трудовые мигранты представляют собой бремя для экономики России, так как они не платят налогов и переводят большую часть денег, заработанных в России, в свои собственные страны. Таким образом, большая часть дохода мигрантов в России не задерживается. **Тем не менее,** практика показывает, что мигранты, скорее, приносят пользу, чем вред принявшему их государству. **Во-первых,** для того, чтобы восполнить дефицит трудовых ресурсов, России необходимо привлекать трудовых мигрантов. **Например,** с каждым годом в России численность населения в трудовом возрасте сокращается примерно на 1 миллион человек. По словам председателя Комитета Госдумы по делам национальностей, Гаджимета Сафаралиева, в России не хватает 50–70 миллионов трудовых мигрантов для полноценного экономического развития. **Во-вторых,** благодаря трудовым мигрантам происходит заполняемость рабочих мест в профессиях, непопулярных у коренного населения. **К примеру,** большая часть мигрантов ищет работу в области ЖКХ, общественного транспорта и строительства. Более того, переселение мигрантов в Россию может частично компенсировать убыль населения. По прогнозу Росстата, к 2030 году россияне трудоспособного возраста будут составлять лишь 54–57% всего населения страны. Число россиян пенсионного возраста, **напротив**, возрастёт. Именно за счёт мигрантов, возможно, удастся сохранить стабильную численность населения в отдельных регионах страны, таких как Сибирь и Дальний Восток.

Сравните абзац, приведённый выше, с данной ниже группой предложений. Несмотря на то, что все предложения относятся к одной теме, каждое высказывание выражает отдельную идею и только косвенно соотносится с остальными:

Миграционная политика Российской Федерации должна содействовать реализации стратегии политического и социально-экономического развития России. Россия стала страной иммигрантов. Люди стремятся в Россию по многим причинам, но в основном—по экономическим. Некоторые иммигранты вносят большой вклад в общее благосостояние принявших их стран. Тем не менее, расходы государства на нелегальную иммиграцию колоссальны. Трудовые мигранты, не настроенные на принятие местных устоев, вызывают у населения наибольшее отторжение.

Важной особенностью абзаца является вводное предложение. Оно обычно помещается в начале и представляет основную идею, которая впоследствии развивается автором.

А. Внимательно прочитайте абзацы и составьте к каждому из них соответствующее вводное предложение.

Абзац 1
Вводное предложение: _____
Большая часть нелегальных мигрантов, работающих в России, выводит денежные средства за рубеж, посылая свой заработок семье на родину. Такая утечка ресурсов наносит непоправимый вред экономике России. Кроме того, многие мигранты работают незаконно и, соответственно, уклоняются от уплаты налогов. Тем не менее, они пользуются услугами, медицинским обслуживанием, перегружают социально-культурную инфраструктуру, в частности, в общеобразовательных школах. Помимо потребления универсальных социальных услуг, незаконные мигранты отбирают рабочие места у законопослушных граждан России. Уровень безработицы среди коренного населения неуклонно растёт в связи с

сокращением производства в реальном секторе экономики. Вероятно, одной из причин этого процесса является то, что мигранты выгодны работодателям, потому что нелегальные мигранты готовы работать даже за самую низкую заработную плату.

Абзац 2

Вводное предложение: _____

По мнению экспертов, у многих людей понятие «мигрант» все чаще ассоциируется с понятием «преступник». Согласно данным МВД РФ, в России с каждым годом растет количество тяжких и особо тяжких преступлений, совершенных мигрантами. К примеру, в 2012 году иностранными гражданами, прибывшими в Россию для работы по найму, совершено убийств на 25% больше, чем в предыдущем году, а преступлений, связанных с незаконным оборотом наркотиков,—на 15%. Одним из факторов, способствующих росту криминальной активности среди мигрантов, по мнению сотрудников МВД, является низкий уровень жизни. Однако по данным Федеральной миграционной службы России мигранты совершают не более 2% преступлений, происходящих в России за год. Для многих мигрантов сесть в тюрьму означает обречь на голодную жизнь семью на родине, поэтому мигрант хорошо подумает, прежде чем совершить что-то противозаконное.

В. Прочитайте приведённый ниже абзац и вычеркните любые не связанные с основной идеей предложения.

Несмотря на то, что многие сторонники мягкой миграционной политики утверждают, что иммигранты отрицательно влияют на экономику страны, по словам экспертов, статистические данные свидетельствуют о противоположном. Трудовые мигранты прибывают в Россию по многим причинам. Низкоквалифицированные граждане России остаются без работы в связи с тем, что многие предприятия отдают предпочтение именно трудовым мигрантам. На них требуется меньше расходов в области социальных гарантий, при том, что работать мигранты готовы за минимальную заработную плату. Более того, большая часть мигрантов недодает денег в государственный бюджет, поскольку работает на территории России нелегально, уклоняясь от уплаты налогов. При этом большую часть своего заработка они увозят в родные страны. Наконец, неконтролируемый приток мигрантов отрицательно влияет на производительность труда, так как для работодателя иногда дешевле использовать ручной труд, чем внедрять новые технологии. В целом, вопреки существующему мнению, польза от трудовых мигрантов для экономики России весьма спорна.

C. Составьте абзац основной части на тему миграции и экономики. Работая в парах, проверьте свои абзацы и оцените, насколько удачно получились вводные предложения.

D. Прочитайте эссе, найдите вводные предложения в каждом абзаце и проверьте, насколько они отражают главный тезис всего эссе.

Иммиграция: сохранение культурного единообразия или поошрение многообразие

Я не хочу жить в доме, обнесенном глухой стеной, с забитыми окнами. Хочу, чтобы культуры всех стран свободно веяли вокруг моего дома, как ветры. Но я не желаю, чтобы какой-либо из них сбивал меня с ног.

Махатма Ганди

Национальные культуры во многом отличаются друг от друга по разным причинам, а именно из-за многообразия исторического развития, образа жизни, и системы ценностей. То, что ценно для одной этнической группы, может не представлять никакой ценности для другой, а более того—вызывать непонимание и даже раздражение. Тем не менее, культурное многообразие имеет ряд преимуществ, если смотреть на общую картину развития народа; взаимопроникновение разных культур позволяет взглянуть на привычные вещи по-новому, а также способствует новым открытиям во всех сферах жизни.

Противники идеи мультикультурализма нередко считают, что иммигранты находятся на более низком уровне культурного развития, и если дать им закрепиться, то будет замедлен прогресс, что приведет к торможению экономического и общественного развития.[1] С этим аргументом можно было бы согласиться, если бы не было следующих фактов. В 2006 году в США иностранные студенты, обучающиеся на инженерных специальностях, составили 64% от общего числа студентов.

Впоследствии, многие остались в Соединенных Штатах, часто в качестве профессоров.[2] Во многих случаях иммигранты, оказываясь наиболее энергичными учеными и предпринимателями в обществе, развивают инженерные и технологические сферы экономики, а также инвестируют средства в бизнес. Стоит вспомнить основателя Google, Сергея Брина, иммигранта в США из Москвы или братьев Вороновых (Warner Brothers), семья которых иммигрировала в США из Российской Империи.

В США бо́льшая часть населения— это выходцы из Мексики и других стран Латинской Америки. Т.к. большинство из них говорят на испанском языке, для них открываются школы, преподавание в которых осуществляется не на английском, а на их родном— испанском языке. Сторонники идеи сохранения единства культуры видят в этом опасность для собственной американской культуры. Однако стоит признать, что изучение испанского языка, а также латиноамериканской культуры остальными американцами позитивно влияет на жизнь всего общества. США ведет активную торговлю со странами Латинской Америки, а в таких условиях знание испанского языка необходимо.

С другой стороны, иммигрантов часто обвиняют в том, что они являются причиной роста безработицы и недоступности многих рабочих мест для коренного населения.[3] Но и этот аргумент недостаточно обоснован. В США большинство рабочих мест в сфере обслуживания и строительства, на которые не идут местные жители,— уборка и ремонт помещений, садовые работы, мойка автомобилей и др.— занято именно иммигрантами.

Таким образом, позитивное влияние иммигрантов на экономику и культуру их новой родины очевидно: они часто являются носителями новых идей, а также разработчиками новых технологий. Кроме того, иммигранты способствуют изучению коренным населением новых языков и традиций. Задача общества—поощрять культурное многообразие, а также воспитывать толерантность к тому, что, на первый взгляд, является непривычным и чужим.

Литература

1. См. *Угрожает ли многообразие культур национальной культуре?* Доступно на: http://hdr.undp.org/en/media/hdr04_ru _chapter_51.pdf.

2. Ричард А. Скиннер. Численность контингента докторов наук в технических науках США. Доступно на: http://www.ihe.nkaoko.kz /archive/321/2626/.

3. См. подробнее, А. Колесниченко. *Гости останутся навсегда. Что несут России миллионы мигрантов?*//Аргументы и факты. От 24 августа 2011 г. Доступно на: http://www .concours-centrale-supelec.fr/CentraleSupelec /2013/Multi/sujets/2012-119.pdf.

От теории к практике: эссе

А. Письменно изложите свою позицию по проблеме «культурного единства или многообразия» в эссе из пяти абзацев, суммируя все изученное в рамках данной темы. Не забудьте использовать активную лексику.

Построение аргументации: практика речи

Стратегии ведения дебатов

А. Прочитайте следующую информацию и выполните упражнения.

Справка
В главах 1–3 мы обсудили первые три из пяти стратегий ведения дебатов: гипотезу, определение и причинно-следственную связь. В этом разделе мы рассмотрим четвёртую стратегию: ценностные суждения. Ценностные суждения содержат информацию о том, что такое хорошо или плохо, красиво или безобразно и т.д., т.е. мы рассматриваем объект в контексте своих ценностей. В большинстве дискуссий, в которых используется этот подход, аргумент представляется через призму критериев, которые характеризуют ценности. Например, иммиграция—это хорошо, потому что это приводит к тому, что происходит А, Б и В, которые, как каждый может согласиться, являются позитивными факторами.

B. Просмотрите текст и выделите ключевые слова или фразы, содержащие ценностные ориентации, которые вы могли бы использовать в обоснование своей позиции в дебатах. Например, если ваш аргумент заключается в том, что иммиграция улучшает общество или государство, обратите внимание на слова и выражения, которые указывают на положительные последствия иммиграции.

Перечислите пять ключевых ценностных утверждений в поддержку своего аргумента.

1. _____
2. _____
3. _____
4. _____
5. _____

C. В дебатах вы можете использовать ценностные вопросы в обоснование своего аргумента или для опровержения аргумента оппонента. Например, можно спросить следующее: «Какую пользу приносят иммигранты государству в плане экономического развития, культурного обогащения и общественной гармонии»?

Основываясь на утверждениях о ценностях, перечисленных вами выше, составьте пять вопросов, которые вы могли бы задать во время дебатов.

1. _____
2. _____
3. _____
4. _____
5. _____

D. Готовясь к дебатам, постарайтесь предугадать, какие ценностные суждения будет использовать ваш оппонент в защиту своей точки зрения. Вы можете составить контраргументы к этим утверждениям, указав на их слабые стороны. Например, оппонент может утверждать, что иммиграция не улучшает общество, потому что иммигранты нередко практикуют странные для нового общества традиции. Какой контраргумент можно подобрать к этому утверждению?

Просмотрите текст и перечислите пять ключевых утверждений, содержащих ценностные ориентации, которые оппонент мог бы использовать в поддержку своей позиции. Затем подберите свои контраргументы к этим утверждениям.

1. _____
2. _____
3. _____
4. _____
5. _____

E. Повторение и применение. В главах 1–3 мы обсудили первые три из пяти стратегий ведения дебатов: гипотезу, определение и причинно-следственную связь. Готовясь к дебатам, постарайтесь применить эти три стратегии наряду с новой.

Оформление высказывания

A. Изучите следующие речевые формулы для оформления своего высказывания.

1. . . . является значимым, потому что . . .
2. Может показаться, что . . . касается лишь небольшой группы людей, однако . . . должно иметь значение для всех, кого волнует . . .
3. Не стоит недооценивать значение . . . , так как . . .
4. Важно взвесить все «за» и «против», когда речь идет о . . .
5. Учитывая современную ситуацию, необходимо рассмотреть . . .

Конструкции для ответов на вопросы

A. Иногда заданный вам вопрос уводит дискуссию в сторону. В таком случае важно **не допустить обсуждения посторонних предметов**. Используйте следующие выражения, если возникает подобная ситуация.

- Я думаю, этот вопрос больше касается . . . , что выходит за рамки нашей дискуссии.
- . . . является отдельным вопросом и находится за пределами нашего разговора. Я хотел(-а) бы сосредоточиться сегодня только на . . .
- Для того чтобы ответить на вопрос, мне нужно было бы проконсультироваться с . . . Я отвечу вам по электронной почте.
- Это интересный вопрос. Я был(-а) бы рад(-а) обсудить его с вами лично по завершении дискуссии.

От теории к практике: дебаты

A. **Устная презентация.** Подготовьте устную презентацию на 3–5 минут, представляя свою позицию. Порепетируйте и запишите себя на аудио. Прослушайте то, что получилось. Постарайтесь исправить неудачные, на ваш взгляд, моменты. Подготовьтесь к выступлению в классе.

B. **Дебаты.** Итак, настало время попробовать себя в дебатах. Постарайтесь собрать все свои заметки, касающиеся аргументов, активной лексики, предложений и предположений по данной теме. Помните, что записи можно использовать только в качестве подсказки.

Подведение итогов

Самооценка

A. Проанализируйте работу, которую вы проделали при подготовке к дебатам.

1. Я считаю, что я был(а) готов(а) к дебатам на эту тему.
2. Я вложил(а) много сил в подготовку к дебатам на эту тему.
3. Я с нетерпением ждал(а) своего выступления в дебатах на эту тему.

1	2	3	4	5	6
Полностью согласен (-на)	Согласен (-на)	В некоторой степени согласен (-на)	Несколько не согласен (-на)	Не согласен (-на)	Полностью не согласен (-на)

B. Если большая часть ваших ответов оказалась в диапазоне от 4–х до 6–ти, то что, по вашему мнению, нужно сделать, чтобы перейти в диапазон от 1–ого до 3–х?

Повторение лексики

Назовите **десять** ключевых слов из списка активной лексики, которые, на ваш взгляд, будут наиболее полезны вам во время дебатов.

1. _____
2. _____
3. _____
4. _____
5. _____
6. _____
7. _____
8. _____
9. _____
10. _____

УРОК 5

Свобода или безопасность

«Свобода и безопасность: цена вопроса»

Подготовка к чтению

Введение в проблему

A. Обсудите в парах ответы на следующие вопросы:

1. Какие этапы включает процесс прохождения через службу безопасности в аэропорту? Как бы вы оценили эффективность каждого из них?

2. Какие изменения, на ваш взгляд, нужно внести в обеспечение безопасности аэропортов? Каковы положительные и отрицательные последствия таких изменений?

3. До какой степени сотрудники службы безопасности могут вмешиваться в частную жизнь граждан для предотвращения противоправных действий? Аргументируйте свой ответ.

B. Проанализируйте название статьи «Свобода и безопасность: цена вопроса». Составьте список возможных тем, которые могут быть в ней затронуты.

1. _____
2. _____
3. _____
4. _____

C. Прочитайте справку о значении слов «воля» и «свобода» из Оксфордского словаря. Заполните пропуски, используя эти слова.

Справка	
Воля	**Свобода**
• Способность к выбору деятельности и внутренним усилиям, необходимым для ее осуществления.	• Возможность проявления субъектом своей воли.
• Специфический акт, несводимый к сознанию и деятельности как таковой. Осуществляя волевое действие, человек противостоит власти непосредственно испытываемых потребностей, импульсивных желаний; для волевого акта характерно не переживание «я хочу», а переживание «надо», «я должен», осознание ценностной характеристики цели действия. Волевое поведение включает принятие решения, часто сопровождающееся борьбой мотивов (акт выбора), и его реализацию.	• Положение, при котором отсутствуют ограничения и стеснения, связывающие общественно-политическую жизнь и деятельность какого-нибудь класса или всего общества. • Возможность беспрепятственно, без стеснения и принуждения действовать в какой-нибудь области общественной жизни. • Состояние того, кто не находится в заключении, в неволе, кто не лишен возможности передвигаться по собственной воле.

1. Государство не имеет права ограничивать _____ вероисповедания своих граждан.

2. Гражданин Иванов был заключен под стражу помимо своей _____ за нарушение общественного порядка.

3. При тоталитарном режиме гражданам запрещено выражать свое мнение, такое ограничение нарушает их _____ слова.

4. Истинная _____ приходит от внутреннего ощущения независимости разума.

5. Часто страх женщины перед домашним насилием вызван тем, что мужу только достаточно пригрозить разводом или похищением детей для того, чтобы парализовать _____ своей жены.

Создание тематических карт

А. Найдите в словаре определения к словам «безопасность» и «свобода». Используйте найденную информацию для того, чтобы подобрать как можно больше слов, которые ассоциируются с вышеупомянутыми понятиями. Расположите свои слова так, чтобы создать две различные карты согласно следующему образцу:

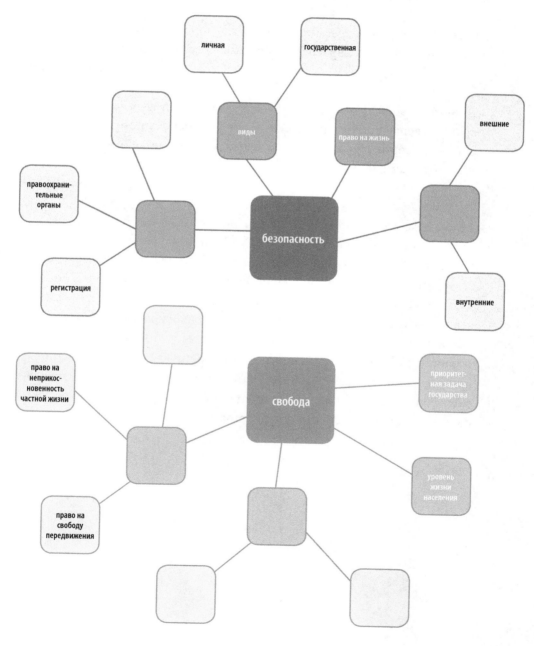

B. Работая в парах, сравните свои карты для того, чтобы привнести дополнительные идеи. Определите точки соприкосновения двух тематических карт.

Обсуждение фактов и мнений

A. Прочитайте приведенные ниже цитаты. Согласны ли вы с мнением авторов этих высказываний? Аргументируйте свою позицию.

> Стыдливость как оберегание своей интимной жизни от посторонних глаз есть не остаток варварства, а ценное приобретение культуры.
>
> В.В. Вересаев

> Если мы строим демократическое общество,—я думаю, что мы все хотим совершенствовать систему демократических институтов в России,—то неприкосновенность частной жизни является одним из краеугольных камней.
>
> В.В. Путин

> Дело в том, что государственный и общественный интерес—это либо интерес государства как властного субъекта в исполнении своих обязанностей, государственного характера, то есть публичного характера, либо интерес общества как неопределенного круга лиц. Причем должен сказать, что этот интерес может быть не любым. Дело в том, что сама эта норма о возможности ограничения неприкосновенности частной жизни в государственных или общественных интересах является ограничением конституционного права неприкосновенности частной жизни, а это допускается только в том случае, если это необходимо для защиты государственных или общественных интересов, обороноспособности или безопасности государства.
>
> А. Эрделевский

Изучение проблемы

А. Прочитайте статью «Свобода и безопасность: цена вопроса» и выпишите все «за» и «против» в таблицу. Дополните таблицу собственными аргументами.

Свобода важнее безопасности	Безопасность важнее свободы
•	•
•	•
•	•
•	•
•	•
	•

В. 🎧 Проверьте произношение новых слов, прослушав Аудиозапись 5.1.

Свобода и безопасность: цена вопроса

Сергей Капитонов

Стремление к свободе присуще каждому человеку вне зависимости от возраста, пола или вероисповедания. Именно борьба за свободу, независимость или права становилась катализатором революционных или эволюционных изменений в цивилизациях и обществах. Однако даже основополагающим понятиям, формирующим мироустройство, свойственно меняться со временем. И сегодня, несмотря на триумф либерализма, ключевым понятием которого является понятие свободы, даже в западном обществе люди готовы пожертвовать некоторыми гражданскими правами ради иных благ. Почему так происходит? Какие факторы побуждают человека отказываться от того, что предопределено изначально, с самого рождения?

11 сентября 2001 года навсегда изменило отношение мирового сообщества к глобальным угрозам третьего тысячелетия. Если всего за 10 лет до

страшного теракта, унесшего жизни более чем 3 тысяч человек, главной опасностью цивилизации являлось столкновение сверхдержав, то «чёрный сентябрь» 2001 года вывел на первый план новую проблему—проблему международного терроризма. С осознанием всего масштаба угрозы пришло и понимание того, что меры к если не полному устранению самой возможности таких терактов, то хотя бы к минимизации их возможного появления должны быть особенными. Чтобы обезопасить граждан своей страны, правительства предпринимают беспрецедентные меры, нацеленные на обеспечение внутренней безопасности государства. Зачастую эти меры вступают в противоречие с основополагающими понятиями западного общества, а именно—понятием свободы личности.

В декабре 2005 года в The New York Times вышла нашумевшая статья, которая сделала достоянием общественности факт прослушивания телефонных разговоров американцев и иностранцев, находящихся на территории США, без каких-либо судебных санкций.[1] Национальное агентство безопасности занималось данной, формально незаконной, деятельностью по личному разрешению президента Буша. Однако эта практика принесла свои плоды: дело Ийгмана Фариса (Iyman Faris), готовившего теракт на Бруклинском мосту в Нью-Йорке, было раскрыто именно с помощью тайного прослушивания телефонных переговоров несостоявшегося террориста.[2] С 2001 года в США не произошло ни одного

теракта, однако платой за спокойствие нации стало, в том числе, и нарушение 4-й поправки к Конституции США, защищающей граждан США от «неоправданных конфискаций и обысков».

«Права человека кончаются в аэропорту им. Бен-Гуриона»—расхожая фраза, демонстрирующая отношение израильской службы безопасности Шабак к обеспечению безопасности воздушных ворот Израиля—аэропорта Тель-Авива. «Раздевающие» сканеры, тщательные расспросы со стороны сотрудников службы безопасности, проверка автотранспорта на подъезде к аэровокзалу—вся эта монотонная и, вполне возможно, кого-то раздражающая практика сделала аэропорт Бен-Гурион самым безопасным аэроузлом в мире, а базирующуюся там авиакомпанию El Al—одной из самых надёжных международных авиакомпаний.[3] Все применяемые меры безопасности «писаны кровью»: в 1972 году в аэропорту Тель-Авива, тогда носившего название Лод, 3 террориста Красной армии Японии расстреляли 26 безоружных человек; за 4 года до данного теракта состоялась единственная в истории попытка захвата самолёта El Al, следовавшего из Амстердама в Нью-Йорк. Впрочем, попытка неудачная: оба террориста были обезврежены вооружённой охраной самолёта. С тех пор каждый рейс израильской авиакомпании сопровождают одетые в штатское сотрудники контрразведки Израиля, а пассажиры, летящие данным рейсом, проходят через дополнительные проверки в любом аэропорту мира. Людям, решившим лететь через Бен-Гурион, рекомендуется приезжать в аэропорт как минимум за 3 часа до вылета для прохождения всех таможенных процедур и барьеров безопасности. Разумеется, время—деньги, однако данная фраза теряет свою актуальность, когда речь идёт о жизнях сотен людей.

Пример Израиля в борьбе с терроризмом уникален: государство, жители которого на протяжении десятков лет практически каждодневно становились объектами террористических нападений, сумело выстроить такую систему безопасности, которая практически свела на нет теракты, совершаемые террористами-смертниками. Гарантом непроникновения «живых бомб» на территорию Израиля стала возведённая в начале 2000-х годов стена между Израилем и Западным берегом реки Иордан. Как результат, взрывы террористов-смертников на территории Израиля практически прекратились: если в 2005 году случилось 8 таких взрывов, в 2006–3, то в 2009–2010 годах их не происходило вовсе, а в 2011 был осуществлён единственный теракт с использованием смертника.[4] При этом само возведение Израильского разделительного барьера неоднократно критиковалось международным сообществом (Международным судом ООН).[5] Некоторые палестинские деревни оказались отрезанными от Палестины, родственники оказались по разные стороны стены, и их общение существенно

затруднилось. Торгово-хозяйственные связи между Израилем и Палестинской автономией также практически сошли на нет, что существенно сказалось на экономическом положении Западного берега. По всему периметру стена оборудована датчиками движения и другими средствами слежения, что делает практически невозможным её незаконное пересечение.

Грань между ограничением свободы для обеспечения безопасности и ограничением свободы для претворения в жизнь интересов властных групп чрезвычайно тонка, а переход из одной концепции в другую чреват страшными последствиями. Еще в 1920 году из-под пера русского писателя Евгения Замятина вышел роман-антиутопия «Мы», в котором описывается общество жесткого тоталитарного контроля государства над личностью (например, люди живут в домах из стекла). Это произведение повлияло на творчество английского писателя Джорджа Оруэлла, выпустившего в 1949 году фантастический роман «1984», где показывается жизнь «под пристальным оком» Старшего Брата, контролирующего каждый шаг маленького человека в большой системе. Предупреждение Замятина и Оруэлла основывалось на уже существовавших примерах авторитарных и тоталитарных режимов, коих в XX веке возникало немало, однако и в третьем тысячелетии проблема не потеряла своей актуальности.

Сегодня одной из наиболее безопасных стран в контексте

террористических угроз и личной безопасности, как ни парадоксально, является Северная Корея (КНДР), где мощнейший государственный аппарат делает невозможным не только какую-либо криминальную активность, но и просто инакомыслие. Платой за невозможность быть ограбленным средь бела дня или погибнуть в автобусе от взрыва смертника становится низкий уровень жизни населения, полное отсутствие прав и свобод в западном понимании.

При этом, абстрагируясь от тоталитарного экстрима КНДР, надо признать, что даже в либеральном западном обществе проблема государственного контроля над личностью остра на сегодняшний день как никогда. Проснувшись с утра, миллионы проверяют свою страничку в социальной сети—самой полной из существующих баз данных для любых спецслужб; выходя на улицу, попадают в поле зрения тысяч камер наблюдения, следящих за каждым шагом; заходя в офис, не задумываясь, прикладывают электронный пропуск к терминалу, а, собравшись отдохнуть за границей, без лишних сомнений сдают отпечатки пальцев. Совершая сотни других, незначительных и вошедших в привычку дел, иной раз трудно осознать, что понятие частной жизни постепенно растворяется в современных реалиях, что в определённой мере является вкладом каждого индивида в построение эффективной системы обеспечения безопасности.

Конституция России гарантирует основные права и свободы, закреплённые во Всеобщей декларации прав

человека, в том числе—право на тайну переписки, телефонных переговоров, почтовых, телеграфных и иных сообщений. При этом в 2008 году было принято постановление, обязывающее операторов сотовой связи предоставить возможность спецслужбам и министерству внутренних дел прослушивать телефоны и просматривать переписку абонентов, не вставая с рабочего кресла и безо всякого решения суда.[6] Более того, в 2011 году ФСБ РФ *официально* обратилось к компаниям Google и Skype с запросом о предоставлении ключа шифрования к популярной программе VoIP-телефонии и почтового сервиса Gmail.[7] Все данные инициативы российских спецслужб направлены на заявленное обеспечение безопасности от террористических угроз, степень которых в России высока. По данным британской консалтинговой компании Maplecroft, в 2011 году Россия находилась на 14 месте в списке стран с наивысшей угрозой терактов,[8] а большая часть населения, напуганная сложившейся ситуацией, готова жертвовать рядом свобод просто для того, чтобы чувствовать себя в безопасности.[9]

Еще одним примером локального ограничения свобод является проверка регистрации на улицах Москвы. Большинство иностранцев, приехавших в столицу по приглашению частных лиц, недоумевают по поводу необходимости стоять в очередях, чтобы соблюсти все бюрократические формальности, а потом еще и иметь при себе паспорт и регистрационное свидетельство на случай, если представитель правоохранительных органов остановит их на улице. Российская система регистрации гостей города во многом является наследием Советского Союза с его мощнейшей машиной государственного контроля над миграцией. Сейчас данная система мало способна повлиять на многократно усилившиеся миграционные потоки, однако всё ещё сохраняет свою актуальность в защите от «заезжих» правонарушителей.

Попав в тиски системы безопасности, шквал свобод, ещё недавно сметавший самые незыблемые авторитарные режимы ради демократии и правовых ценностей, сейчас даже в самых либеральных обществах превратился лишь в слабое дуновение. Само понятие свободы в XXI веке существенно изменилось. Раньше это звучало так: «моя свобода заканчивается там, где начинается свобода другого человека». Сегодня формулировка другая: «моя свобода кончается там, где начинается забота о безопасности».

Литература

1. James Risen and Eric Lichtblau, "Bush Lets U.S. Spy on Callers Without Courts," New York Times, December 16, 2005 http://www.nytimes.com/2005/12/16/politics/16program.html?pagewanted=all.
2. Там же.
3. Jeff Jacoby, "What Israeli security can teach us," The Boston Globe, August 23, 2006 http://www.boston.com/news/globe/editorial_opinion/oped/articles/2006/08/23/what_israeli_security_could_teach_us/.
4. Israel Ministry of Foreign Affairs http://www.mfa.gov.il/MFA/Terrorism-+Obstacle+to+Peace/Palestinian+terror+since+2000/Suicide+and+Other+Bombing+Attacks+in+Israel+Since.htm.
5. Chris Marsden, "International Court of Justice condemns Israel's wall," WSWS, July 13, 2004 http://www.wsws.org/articles/2004/jul2004/isra-j13.shtml.
6. Валерий Кодачигов, «Слушать подано. Операторов связи обязали обеспечить дистанционный доступ к переговорам», Коммерсант, 4 марта 2008 http://www.kommersant.ru/doc/863187?stamp=634589660716205491.
7. «ФСБ предлагает запретить Skype и Gmail», BBC Russian, 8 апреля 2011 http://www.bbc.co.uk/russian/russia/2011/04/110408_skype_ban_fsb.shtml.
8. Maplecroft http://maplecroft.com/about/news/terrorism_index_2011.html.
9. И. Харичев, «Есть ли в России гражданское общество», Ежедневный журнал, 3 марта 2011 http://ej.ru/?a=note&id=10849.

Проверка понимания

А. Определите, какие из следующих утверждений являются верными, а какие нет, основываясь на информации из текста. Исправьте неверные высказывания.

1. Ключевым понятием либерализма является понятие общественной безопасности.

2. Вопрос международного терроризма существовал всегда, вне зависимости от каких-либо происходящих в мире событий.

3. Для того, чтобы обеспечить внутреннюю безопасность страны, государство вынуждено предпринимать меры, которые нарушают свободу его граждан.

4. Согласно тексту, сотрудники службы безопасности в аэропорту имени Бен-Гуриона систематически нарушают права граждан, въезжающих на территорию Израиля.

5. Автор статьи преследовал цель убедить своих читателей в том, что проблема международного терроризма не нова.

6. В Северной Корее бедственное экономическое положение корейских граждан ведет к подавлению инакомыслия.

7. Практика контроля безопасности, существующая в аэропорту Тель-Авива, превратила данный аэроузел в самый медленный по времени прохождения пассажиров.

8. Возведение стены, разделяющей Израиль и Палестинскую автономию, привело исключительно к положительным последствиям, таким как устранение террористической угрозы со стороны террористов-смертников и уменьшение притока палестинцев.

9. Согласно мнению автора статьи, сама идея ограничения свобод и прав граждан со стороны государства нашла свое отражение в литературных произведениях еще в XX веке.

10. Главной причиной отсутствия любой преступной деятельности со стороны населения в КНДР является репрессивная политика государства.

11. Согласно данным, приведенным в тексте, многие граждане РФ готовы лишиться определенных прав и свобод ради обеспечения своей безопасности.

12. Большая часть иностранных граждан относится с одобрением к процессу проверки документов на улице представителями российской полиции, поскольку такая проверка способствует выявлению особо опасных террористов.

13. В России каждый приезжий в гости иностранный гражданин обязан иметь при себе паспорт.

14. Согласно статистическим данным, в России угроза терроризма мирному населению находится в зародышевом состоянии.

15. Согласно мнению автора статьи, в современном западном обществе понятие неприкосновенности частной жизни теряет свое значение и силу во имя безопасной жизни его членов.

Освоение лексики

Активная лексика	
Свобода и безопасность	**Общая лексика**
1. гарантировать основные права и свободы	1. вне зависимости от чего-то
2. глобальная угроза	2. вошедший в привычку
3. гражданские права	3. вступать в противоречие с
4. жертвовать рядом свобод	4. вывести на первый план
5. международный терроризм	5. ключевое понятие
6. неоправданные конфискации и обыски	6. меняться со временем
7. обезвредить террористов	7. осознать масштаб чего-то
8. обезопасить граждан	8. потерять актуальность
9. обеспечить безопасность	9. предпринимать меры
10. ограничивать свободу	10. принести плоды
11. прослушивание телефонных переговоров/разговоров	11. свести на нет
12. проходить таможню	12. сделать достоянием общественности
13. сотрудники службы безопасности	13. соблюдать формальности
14. тоталитарный контроль государства над личностью	14. существенно измениться
15. устранить возможность терактов	15. тонкая грань

Расширение словарного запаса

A. Дополните свои тематические карты, используя словосочетания из списка активной лексики.

B. Распределите следующие словосочетания по трем подтемам: последствия терроризма, усилия по борьбе с ним, ограничение свобод граждан.

Последствия терроризма	Усилия по борьбе с терроризмом	Ограничение свобод

1. Становиться/стать объектом террористических актов
2. Обеспечивать/обеспечить внутреннюю безопасность страны
3. Пожертвовать гражданскими правами
4. Жить под угрозой терроризма
5. Принести плоды
6. Предотвращать/предотвратить угрозу (опасность) терроризма
7. Отказаться от некоторых свобод
8. Становиться/стать жертвой теракта
9. Выйти на первый план
10. Применять/применить меры безопасности
11. Положить свободу на алтарь безопасности
12. Обезопасить жизнь и здоровье граждан
13. Ограничивать/ограничить свободу граждан
14. Принести гражданские права в жертву личной безопасности
15. Сводить/свести на нет угрозу терактов
16. Обезвреживать/обезвредить террористичиские организации

C. Определите значения словосочетаний исходя из внутренней формы (значения приставки, корня, суффикса) слов, выделенных курсивом.

1. *нашумевшая* статья
2. *раздевающий* сканер
3. *расхожая* фраза
4. *несостоявшийся* террорист
5. *безоружный* человек
6. *заезжий* человек
7. *воздушные* ворота

D. Прочитайте словосочетания из текста, (1) найдите глаголы, с помощью которых сообщается об интенсивности чего-либо. Распределите глаголы по степени нарастания признака. (2) Запишите синонимические и антонимические пары. (3) Найдите в тексте предложения с этими словами, объясните их значения.

1. минимизировать угрозу терактов
2. снизить риск проникновения террористов на территорию страны
3. сделать невозможной криминальную активность
4. свести на нет возможность террористических актов
5. прекратить теракты террористов-смертников
6. ликвидировать опасность терроризма
7. устранить возможность терактов

E. ⊕ Выберите компонент словосочетаний, который не согласуется ни с одним из слов активной лексики. Для этого перейдите по ссылке: http://corpus.leeds.ac.uk /ruscorpora.html. Наберите нужное слово в окне поиска и отметьте поисковые параметры. Для этого выберите «collocations». После этого в разделе «Context» наберите количество слов (одно или два) как слева, так и справа. Затем под «miscellaneous» выберите атрибут по умолчанию «lemma». Щелкните мышкой накнопку «Submit».

Свободы граждан и их безопасность	Компоненты словосочетаний			
1. право	a. иметь	b. гражданин	c. соблюдать	d. нарушать
2. безопасность	a. беспечивать	b. система	c. общественная	d. внедрять
3. свобода	a. оградить	b. личная	c. предоставить	d. ограничивать
4. угроза	a. предпринимать	b. существовать	c. возникать	d. устранять
5. контроль	a. полный	b. гражданский	c. установить	d. обеспечивать
6. обыск	a. ордер	b. законность	c. проведение	d. претворение
7. переговоры	a. вести	b. вступать	c. мировые	d. мирный
8. личность	a. защита	b. неприкосновенность	c. установление	d. ценность
9. обезвредить	a. террорист	b. группа	c. способ	d. преступник
10. обезопасить	a. максимально	b. цель	c. пытаться	d. полностью

F. Составьте пять предложений либо в поддержку, либо в осуждение закона, ограничивающего доступ государственных органов к личной информации граждан: например, доступ к банковской информации, прослушиванию телефонных разговоров и просмотру электронной почты. Каждое предложение должно содержать, по крайней мере, одно словосочетание из предыдущего упражнения.

1. _____
2. _____
3. _____
4. _____
5. _____

Исследование смыслов

А. Образуйте все возможные словосочетания, подобрав к глаголам в левой колонке слова и словосочетания из правой колонки. В случае затруднений обращайтесь к тексту статьи.

1. стремиться *к кому? к чему?*	a. граждане страны
2. бороться *за кого? за что?*	b. угроза
3. формировать / сформировать *что?*	c. закон
4. жертвовать / пожертвовать *чем? (ради кого? чего?)*	d. конституция
	e. таможенные процедуры
	f. мироустройство
5. устранять / устранить *что?*	g. опасность
6. обезопасить *кого? что? (от кого? от чего?)*	h. заложник
7. нарушать / нарушить *что?*	i. гражданские права
8. защищать / защитить *кого? что? (от кого? от чего?)*	j. независимость
	k. стена
	l. общение
9. захватывать / захватить *кого? что?*	m. личность
10. проходить / пройти *что?*	n. правила
11. выстраивать / выстроить *что?*	o. бюрократические формальности
12. возводить / возвести *что?*	p. требования
13. затруднять / затруднить *что? кому? чему?*	q. экономическое положение страны
14. сказываться / сказаться *на ком? на чём?*	r. каждый шаг человека
15. ограничивать / ограничить *что?*	s. система безопасности
16. контролировать / проконтролировать *кого? что?*	t. постановление
17. следить / проследить *за кем? за чем?*	u. разделительный барьер
18. принимать / принять *что?*	v. свобода
19. соблюдать / соблюсти *что?*	

B. Заполните таблицу словосочетаниями из списка активной лексики, сгруппировав их согласно присущему им смысловому оттенку.

Положительный	Зависящий от контекста	Отрицательный
•	•	•
•	•	•
•	•	•
•	•	•
•	•	•
•	•	•

C. Разыграйте следующую ситуацию: мэр города созвал пресс-конференцию в связи с произошедшим взрывом на железнодорожном вокзале. Сформулируйте пять вопросов мэру со стороны прессы, используя словосочетания как с положительным, так и с отрицательным смысловым оттенком.

1. _____
2. _____
3. _____
4. _____
5. _____

Обсуждение статьи

A. Работая в парах, ответьте на следующие вопросы к статье «Свобода и безопасность: цена вопроса», используя словосочетания из списка активной лексики.
1. Что, согласно мнению автора статьи, является основополагающим определением либерализма? Почему?
2. Что изменилось в мировом сообществе в отношении свобод и прав человека?
3. Какие меры безопасности можно наблюдать в аэропорту им. Бен-Гуриона?
4. Какие события вызвали усиленный контроль безопасности в данном аэропорту?
5. Какие отрицательные последствия, возникшие в результате возведения Израилем разделительного барьера в качестве меры безопасности, можно выделить?

6. Какую основную идею пытались донести до читателя Замятин и Оруэлл через свои произведения?

7. Какая страна, помимо Израиля, является одной из самых безопасных в контексте террористических актов? Почему? Какую цену приходится платить гражданам этой страны за такую безопасность?

8. Какие противоречия в отношении прав и свобод граждан существуют в российском законодательстве?

9. Какие дополнительные ограничения свобод можно наблюдать на российских улицах?

10. Объясните следующие слова автора: «Моя свобода кончается там, где начинается забота о безопасности».

Построение критического дискурса

Выражение уверенности и неуверенности

А. Прочитайте следующую информацию.

Справка
Как выразить уверенность
Без / вне всякого сомнения, . . . Безусловно, . . . Несомненно, . . . (Само собой) разумеется, . . .
Как выразить неуверенность
(Вполне) возможно, . . . (Вполне) вероятно, . . . (Как мне) кажется, . . .
Как выразить предположение
(Я) полагаю / считаю, (что) . . . (Как мне) представляется, . . . Очевидно, . . .

В. Передайте содержание предложений из текста статьи, выразив уверенность, неуверенность, предположение.

1. Свобода человека кончается там, где начинается забота о безопасности.

2. Именно борьба за свободу становилась катализатором революционных или эволюционных изменений в цивилизациях и обществах.

3. Даже основополагающим понятиям, формирующим мироустройство, свойственно меняться со временем.

4. Даже в западном обществе люди готовы пожертвовать некоторыми гражданскими правами ради иных благ.

5. 11 сентября 2001 года на всегда изменило отношение мирового сообщества к глобальным угрозам третьего тысячелетия.

6. Ключевая проблема современности—проблема международного терроризма. Прослушивание телефонных разговоров граждан спецслужбами необходимо для обеспечения их безопасности.

Построение сложных предложений

А. Прочитайте следующую информацию.

Справка

Для русского словосочетания характерен фиксированный порядок компонентов, например:

- беспрецедентные меры, страшный теракт (объект и его признак);
- стремиться к свободе, бороться за свободу (действие и его объект);
- постоянно прослушивать (телефонные разговоры), тщательно расспрашивать (действие и его признак, характеристика).

Такой порядок компонентов в словосочетании типичен для нейтральной речи, сообщений об объектах, фактах, явлениях. Но в эмоциональной, экспрессивной речи (публицистическом тексте, разговорной речи, художественной литературе) **возможен** непрямой порядок компонентов в словосочетаниях, например:

- Предпринимаемые спецслужбами Израиля меры беспрецедентны (беспрецедентные)!
- К свободе стремятся люди во всех уголках земного шара!
- Во многих странах телефонные разговоры граждан прослушиваются постоянно!

Обратите внимание! Если словосочетание состоит из существительного и двух или более прилагательных (объект и его признаки), ближе к существительному **всегда** стоит прилагательное, которое обозначает постоянный признак объекта, а дальше—прилагательное, которое обозначает качество этого объекта (оно может иметь степени сравнения). Сравните: *надёжная международная авиакомпания* (**правильно**)—*международная надёжная авиакомпания* (**неправильно**).

B. Исправьте, где это необходимо, нарушение порядка компонентов в словосочетаниях.

1. Деятельность израильских спецслужб сделала Бен-Гурион международным безопасным аэроузлом.
2. Все израильские авиарейсы сопровождает надёжная вооружённая охрана.
3. Во многих аэропортах мира существуют таможенные строгие процедуры.
4. Между Израилем и Западным берегом реки Иордан создан жёсткий разделительный барьер.
5. Торгово-хозяйственные эффективные связи между Израилем и Палестинской автономией, к сожалению, сошли на нет.
6. Терроризм стал международной важной проблемой.
7. В Корее государственный мощнейший аппарат делает невозможным любое инакомыслие.

C. Передайте содержание данных ниже предложений из статьи эмоционально, трансформируя выделенные словосочетания.

1. Люди во всех странах всегда *боролись за свободу*.
2. В демократическом государстве свобода является *ключевым понятием*.
3. С 2001 года в США *не произошло ни одного теракта*.
4. Взрывы на территории Израиля *полностью прекратились*.
5. В настоящее время общение жителей палестинских деревень *существенно затруднилось*.
6. Государственный контроль над личностью—*острая проблема*.
7. Миграционные потоки в России *многократно усилились*.

D. Прочитайте следующую информацию.

Справка
Как сравнить, сопоставить явления, события
Как сообщить о сходстве

Модели: 1) В США, **(точно так же) как и** в России, спецслужбы делают всё возможное для предотвращения угрозы терроризма.

2) **Как** в США, **так и** в России спецслужбы делают всё возможное для предотвращения угрозы терроризма.

Как сообщить об отличии

Модели: 1) **Если** в европейских странах правительства стараются соблюдать гражданские права, **(то)** в КНДР невозможно никакое инакомыслие.

2) В европейских странах правительства стараются соблюдать гражданские права населения, **в то время как (в то же время/между тем (как)/тогда как)** в КНДР невозможно никакое инакомыслие.

E. Используя данную ниже таблицу, сообщите о сходстве или отличии между явлениями, событиями.

Событие / явление 1	Событие / явление 2
В европейских странах люди стремятся к свободе и независимости.	В КНДР люди стремятся к свободе и независимости.
В прошлом веке аэропорт Бен-Гурион неоднократно становился объектом террористических атак.	Сегодня это самый безопасный аэропорт в мире.
В романе Е. Замятина «Мы» описано тоталитарное государство.	В романе Дж. Оруэлла «1984» описано тоталитарное государство.
Во многих государствах правительства декларируют гражданские права населения.	Во многих государствах спецслужбы нарушают гражданские права населения.
Прослушивание телефонных разговоров граждан США незаконно.	Прослушивание телефонных разговоров граждан США позволило предотвратить крупный теракт.

Умение распознавать логические ошибки

A. Участники дебатов обычно используют определенные логические приемы для того, чтобы отстоять свою точку зрения. Однако некоторые высказывания могут представлять собой логические ошибки, которые важно распознать, чтобы сохранить рациональное зерно обсуждения. Внимательно изучите некоторые из таких типичных ошибок по Справке.

Справка	
Определение	**Примеры**
«Все, да не все»	
Построение аргументации на том, что все вокруг считают так, следовательно, это верно.	*Вы не должны задавать столько домашней работы, поскольку все остальные преподаватели задают намного меньше.*
«Порочный круг»	
Использование при доказательстве утверждения самого утверждения или его следствий.	*Нынешний мэр—самый успешный, потому что он является лучшим мэром за всю историю города.*
«Двое из ларца»	
Перенос сходства по одному признаку на сходство по всем другим признакам.	*Оба закончили Оксфорд, следовательно, если Петров говорит по-французски, то и Иванов тоже говорит по-французски.*
«Белая ворона»	
Построение заключения обо всем классе явлений на основании нескольких частных случаев.	*Летом я два дня провел в Санкт-Петербурге, и там никогда не темнело. Следовательно, в Питере все ночи всегда белые.*
«В огороде бузина»	
Приведение в качестве доказательства феномена, который не имеет к обсуждаемой теме никакого отношения.	*Я не заслужил тройку за эту письменную работу, поскольку я отличный пловец.*

B. Прочитайте следующие высказывания и оцените, насколько они верны с точки зрения логики. При обнаружении логических ошибок, определите, к какому типу они относятся.

1. Государство должно ужесточить наказание за совершение террористических актов, поскольку это убедительно подействует на других и заставит их задуматься, прежде чем они решат совершить подобные преступления.

2. Каждый раз, когда я прохожу досмотр в аэропорту, сотрудники системы безопасности проверяют содержимое моих сумок. Из всех пассажиров я единственный, кого они всегда проверяют.

3. Каждое утро все ученики проходят через единственный в школе металлоискатель. Если бы руководство школы приобрело еще один металлоискатель, то процесс прохождения ускорился бы.

4. Поскольку я являюсь законопослушным гражданином, я необязан проходить таможенный контроль.

5. Когда сотрудники дорожной полиции заставляют предъявить водительские права, то это равносильно просьбе раздеться. Полицейские не имеют права требовать ни то, ни другое.

6. Государственные органы должны быть наделены правом отслеживать денежные потоки граждан в случае наличия подозрительных финансовых операций, поскольку они представители власти.

7. В связи с тем, что я хочу жить в безопасной стране, я готов открыть доступ ко всей своей личной информации.

8. Китай должен прекратить наблюдение за действиями своих интернет-пользователей только потому, что никакая другая страна так не ограничивает права своих граждан.

Построение предположений

A. Прочитайте следующую цитату из выступления известного российского политика Бориса Немцова:

> «С одной стороны, есть Конституция России, где гарантируется тайна переписки, тайна телефонных переговоров, есть Уголовный кодекс, который преследует тех, кто занимается этим криминальным промыслом, то есть подслушивает, подглядывает . . . а потом публикует . . . С другой стороны, есть российская практика.»

B. Поразмышляйте над содержанием данной цитаты в свете следующих вопросов:
  1. Возможно ли обеспечить тайну переписки, а также тайну телефонных переговоров, гарантированных конституциями многих государств?
  2. Какие меры необходимы для обеспечения тайны переписки, а также тайны телефонных переговоров?
  3. Каковы последствия нарушения тайны переписки, а также тайны телефонных переговоров?

C. Постройте свои предположения, используя конструкции «**если . . . , то . . .**» и «**если бы . . . , то . . .**». Обратите внимание на использование вводных слов **наверное**, **вероятно**, **очевидно**, **скорее всего**, **возможно**, **может**, **несомненно** в данных конструкциях.

условия	+	возможные последствия
• Если что-то случится,		• то что-то случится.
• Если что-то делается,		• то, очевидно, что-то происходит.
• Если бы кто-то что-то сделал,		• то, вероятно, что-то бы произошло.
• Если бы что-то произошло,		• то, скорее всего, что-то бы произошло.
• Если бы что-то было сделано		• то, наверное, что-то могло бы случиться.
• Если бы что-то было сделано,		• то, возможно, удалось бы предотвратить что-то.
• Если бы что-то не было сделано,		

A. Выберите одну из ролей, перечисленных ниже, и разыграйте ее, используя, по крайней мере, десять слов из списка активной лексики.

Ситуация: Глава службы безопасности крупного бизнес-центра получил анонимное электронное сообщение о том, что один из сотрудников центра, возможно, представляет угрозу безопасности здания. Имя сотрудника не известно. По этому поводу было созвано экстренное собрание для того, чтобы определить курс дальнейших действий по устранению угрозы.

Роль А: Вы глава службы безопасности бизнес-центра, ответственный за разработку плана по устранению угрозы. Расспросите участников собрания о возможных вариантах, обсудите их эффективность и примите окончательное решение.

Роль Б: Вы ведущие специалисты отдела безопасности, обеспокоенные жизнью и здоровьем тысячи работников и посетителей центра. Предложите меры по предотвращению потенциально опасной ситуации.

Роль В: Вы специалисты отдела информационных технологий бизнес-центра. Внесите свои предложения по разрешению возникшей проблемы.

Роль Г: Вы представители крупных корпораций, чей главный офис находится в центре. Вы обеспокоены реакцией своих сотрудников на возможное посягательство на их гражданские права.

Аудирование

Перед прослушиванием

A. Перед тем, как прослушать запись, постарайтесь предсказать все возможные аргументы, которые будут использованы каждой из сторон. Заполните следующую таблицу.

Вмешательство государственных органов в личную жизнь граждан оправдано при наличии угрозы общей безопасности	Государственные органы не имеют права посягать на неприкосновенность частной жизни во имя государственных интересов
•	•
•	•
	•
•	•
	•
•	•
	•

В. 🎧 **Первое прослушивание. Цель: понять общую аргументацию.** Прослушайте запись 5.2 и отметьте в заполненной таблице аргументы, которые вы услышали. Добавьте в таблицу те аргументы из записи, которые вы не внесли перед прослушиванием.

С. **Второе прослушивание. Цель: уловить конкретные детали.** Прослушайте запись второй раз и оцените аргументы как сильные или слабые. Какие моменты в представлении и/или поддержке аргумента повлияли на вашу оценку?

После прослушивания

А. Какая из сторон выдвинула наиболее убедительные аргументы? Процитируйте самый сильный, на ваш взгляд, аргумент.

В. В каждом споре за кем-то всегда остается последнее слово. Попробуйте предположить, как можно было бы ответить на последний аргумент, прозвучавший в записи.

Построение аргументации: письмо

Эссе: вступление и заключение

Цель **вступления**—представить позицию автора. Однако прежде необходимо заинтересовать читателя в теме. Поэтому главный тезис обычно излагается в последнем предложении вступления, большая часть которого подводит к восприятию главной идеи.

Существуют следующие приёмы для того, чтобы заинтересовать читателя:

1. Занимательный случай или факт из истории. Некоторые статьи в этом учебнике начинаются с пересказа интересного эпизода. Например, в главе 2 Сергей Капитонов упоминает Вестфальскую систему.
2. Статистические данные, иллюстрирующие важность проблемы. К примеру, автор статьи «Здравствуй, новая Родина» ссылается на возросший процент россиян, желающих эмигрировать.
3. Яркая цитата. В статье «Путь к успеху и роль образования на этом пути» цитируются следующие слова Сократа: «Чем больше я узнаю, тем больше понимаю, что ничего не знаю».
4. Провокационный вопрос. К примеру, в статье «Свобода и безопасность— цена вопроса» автор спрашивает: «Какие факторы побуждают человека отказываться от того, что предопределено изначально, с самого рождения?»

A. Прочитайте несколько приведённых ниже примеров вступлений и проанализируйте их. Какие из них являются удачными? Какие из них не являются таковыми? Почему?

Вступление 1:

Проблема обеспечения гражданских прав и свобод является очень важной для любого государства. Мнение экспертов и граждан России расходятся в этом вопросе. Одни выступают за обеспечение национальной безопасности вопреки правам, закреплённым в Конституции РФ. Другие считают недопустимым вмешательство государство в интересах безопасности.

Вступление 2:

Осенним утром 2000 года местные жители некоторых населенных пунктов в Республике Калмыкия подверглись нападению со стороны группы вооруженных лиц. Нападавшие врывались в жилые помещения и без каких-либо объяснений начинали производить несанкционированные обыски. Основанием проведения операции было выявление якобы скрывающихся на территории Калмыкии чеченских боевиков и освобождение заложников. Естественно, местные жители выразили свой протест против незаконных действий военных, обратившись с заявлением в органы прокуратуры. Таким образом они воспользовались своим правом на неприкосновенность частной жизни и продемонстрировали недопустимость вмешательства государства в частную жизнь в целях предотвращения терроризма.

Вступление 3:
Конституция Российской Федерации содержит конкретные нормы, устанавливающие права и свободы граждан РФ, в том числе — право на свободу и неприкосновенность частной жизни. Частная жизнь представляет собой физическую и духовную область, которая контролируется самим индивидуумом. Право на неприкосновенность частной жизни призвано оградить личность от пристального контроля со стороны властей. Тем не менее, такое право часто нарушалось, особенно во времена коммунистического режима.

Вступление 4:
Каким образом государство может обеспечить безопасность своих граждан без определённого вмешательства в частную жизнь граждан? Среди российских граждан существует мнение, что никакие государственные интересы не могут оправдать нарушение прав на свободу и неприкосновенность частной жизни. Тем не менее, какую ценность представляют собой эти права для погибших в результате террористического акта, который мог быть предотвращён? Для обеспечения национальной безопасности россияне должны быть готовы поступиться своими основными правами и свободами, гарантированными Конституцией РФ.

Цель **заключения** — обобщить ключевые моменты и подвести итог. Заключение обычно состоит из двух компонентов: 1) перифраз тезиса; 2) эффектная концовка.

Возможными вариантами *эффектной концовки* эссе являются следующие приёмы: 1) риторический вопрос; 2) цитата; 3) предсказание сценария дальнейшего развития событий; 4) предположение о возможных последствиях; 5) рекомендация.

B. Прочитайте следующее эссе. Обратите внимание на вступление и заключение. Как автор подвел читателя к своей главной мысли во вступительной части? Какой вариант эффектной концовки он использовал в заключительной части? Найдите тезис и его перифраз.

Личная свобода и безопасность в современном мире

В конце 2010 года в России был проведен опрос, респондентам которого предлагалось дать ответ на вопрос: что важнее—свобода личности или безопасность? 56% опрошенных выступили за безопасность и отметили, что для ее обеспечения, возможно, придётся пойти на некоторые нарушения демократических принципов и ограничение личных свобод. И лишь 23% опрошенных выступили за неограниченную свободу личности.[1] Что же всё-таки важнее: свобода личности или безопасность?! Очевидно, что ограничение свобод личности может осуществляться только при соблюдении закона: такое право спецслужбам должно предоставляться судом. Отсутствие какого-либо юридического контроля неминуемо ведет к злоупотреблению и, как правило, к построению тоталитарного государства.

После трагических событий 11 сентября 2001 года в США был принят Патриотический акт (US Patriot Act).[2] Данный Акт предоставил правительству и правоохранительным органам США расширенные полномочия, в частности, по прослушиванию телефонных разговоров и осуществлению электронной слежки. Патриотический акт был раскритикован гражданами, по мнению которых, он нарушал положения Четвёртой поправки к Конституции США.[3] Документ, подобный Патриотическому акту США, был предложен правительством Великобритании в конце 2011 года. Если этот законопроект будет принят, Центр правительственной связи Великобритании (электронная разведка) получит доступ к электронной переписке граждан.[4] Подобные акты, позволяющие считывать информацию с каналов связи, существуют и в России. Так, в России «прослушка» вполне законно осуществляется работниками правоохранительных органов на основании Федерального Закона «О связи» и ряда приказов органов исполнительной власти.[5]

Основной причиной критики подобных законов является нарушение спецслужбами права на неприкосновенность личной жизни. Благодаря современным технологиям практически любая личная информация может быть зафиксирована. Во многих странах операторов связи обязывают к установке так называемых «черных ящиков», которые дают возможность полного перехвата интернет-трафика, в том числе—электронной почты, и напрямую перенаправляют данные в правоохранительные органы. Такая система сетевого мониторинга под названием Carnivore (современное название DCS 1000) используется в США. Система может отслеживать весь трафик любого пользователя, в том числе электронную почту и посещение веб-сайтов.[6] Создаётся ситуация, при которой каждый в государстве находится под пристальным наблюдением соответствующих органов.

Сторонники такого подхода утверждают, что контроль за обществом со стороны государства жизненно необходим, и приводят в обоснование своей позиции следующее: жертв террактов в лондонском метро в 2005 году, теракта в белорусском метро в 2007 году, стрельбы в школе в штате Коннектикут в декабре 2012 могло бы и не быть, если бы спецслужбы более эффективно отслеживали переписку и поведение членов общества. Однако, история некоторых государств демонстрирует устрашающие последствия подобного ограничения свобод. В частности,

пример Советского Союза середины и конца 30-х годов, а также Чили 70-х годов при правлении Аугусто Пиночета свидетельствует о том, что массовое прослушивание телефонных разговоров, массовое считывание информации с каналов связи якобы для обеспечения безопасности в обществе,—это первые шаги к построению тоталитарного государства и возможным репрессиям инакомыслящих.

Нельзя не согласиться с тем фактом, что в современном обществе существует огромное количество угроз, и для обеспечения безопасности нередко необходимо ограничивать личные свободы. Однако, осуществляя прослушивание разговоров, считывая информацию с каналов связи, представители спецслужб нередко злоупотребляют своими полномочиями. Для того чтобы исключить возможные злоупотребления со стороны спецслужб, меры, направленные на ограничение свобод личности, должны быть санкционированы судом.

Литература

1. Опрос, проведенный Аналитическим центром Юрия Левады, 17–21 декабря 2010 года, *доступно на*: http://www.levada.ru/press /2011011802.html.
2. Патриотический Акт США (на английском), *доступно на*: http://www.fincen.gov/statutes _regs/patriot/.
3. *Доступно на*: http://www.aclu.org/national -security/surveillance-under-usa-patriot-act.
4. «Масштабные прослушки в Великобритании», доступно на: http://wlna.info /world/41287-masshtabnye-proslushki-v -velikobritanii.html.
5. Федеральный Закон РФ «О связи» от 7 июля 2003 года № 126-ФЗ, *доступно на*: http://rmt.ru/articles.html?article=31.
6. О.Н. Кочева «Наступление на приватность в интересах расследования преступлений и обеспечения общественной безопасности. Слежка в коммуникациях», *доступно на*: http://www.pgpalata.ru/reshr/privacy/art09 .shtml#28.

C. Прочитайте следующие вступления и заключения. Определите какие приёмы использовал автор, а) чтобы заинтересовать читателя в теме; б) чтобы обеспечить эффектную концовку.

Вступление 1	Заключение 1
Каким образом государство может обеспечить безопасность своих граждан без определённого вмешательства в частную жизнь граждан? Среди российских граждан бытует мнение, что никакие государственные интересы не могут оправдать нарушение прав на свободу и неприкосновенность частной жизни. Тем не менее, как такие права могут помочь погибшим в результате террористического акта, который мог быть предотвращён? Для обеспечения национальной безопасности россияне должны быть готовы поступиться своими основными правами и свободами, гарантированными Конституцией РФ.	Предотвращение угрозы терроризма требует ограничение определенных личных свобод. Тем более, что свободы, которые требуют ограничения, незначительны по сравнению с возможной гибелью людей. В конце концов, что бы вы предпочли: предъявить паспорт при входе в здание аэропорта или позволить террористам организовать очередную атаку, подобную той, что произошла в аэропорту Домодедово?

Вступление 2	Заключение 2
Тоталитарные режимы не рождаются в одночасье. Режимы Франко в Испании или Пиночета в Чили начинались с постепенного согласия определенной группы граждан доверить свои права и свободы человеку, который впоследствии стал диктатором и посредством новых законов лишил большинство населения гражданских свобод. Очевидно, что добровольный отказ от некоторых свобод может привести к принудительному отказу от всех свобод. Широкий круг полномочий, которыми наделяет органы государственной власти Федеральный закон «О противодействии терроризму», должен быть отменен, чтобы гарантировать гражданам России защиту их основных прав и свобод.	Федеральный закон «О противодействии терроризму» от 6 марта 2006 года существенно ограничивает конституционные права и свободы граждан. Соответственно, такой нормативно-правовой документ должен быть отменен. Как сказал Владимир Борисов: «При деспотах количество преступлений уменьшается, потому что преступления приобретают законную форму и устаканиваются».

D. Напишите собственное вступление и заключение к эссе по теме «Свобода и безопасность». Обсудите их в парах. Основываясь на замечаниях, которые вы получили, внесите изменения в свое вступление и заключение.

От теории к практике: эссе

A. Письменно изложите свою позицию по проблеме «свобода или безопасность» в эссе из пяти абзацев, суммируя все изученное в рамках данной темы. Не забудьте использовать активную лексику.

Построение аргументации: практика речи

Стратегии ведения дебатов

А. Прочитайте следующую информацию.

Справка
В главах 1–4 мы обсудили первых четыре из пяти стратегий ведения дебатов: гипотетические вопросы, вопросы-определения, вопросы о причинно-следственной связи и вопросы о ценностях. В этом разделе мы рассмотрим пятую стратегию: вопросы о способе действия. Вопросы о способе действия основываются на предположениях о том, КАК достичь того или иного результата в будущем. В этой главе мы обсуждаем проблему золотой середины между безопасностью и свободой. В связи с этим возникает множество вопросов о том, как обеспечить безопасность таким образом, чтобы это не противоречило гражданским свободам. Или же как построить отношения «государство—индивид», чтобы они вписывались в концепцию демократического общества?

В. Просмотрите текст, выделяя ключевые слова или фразы, которые могут быть использованы в поддержку вашей позиции в дебатах. Например, если ваш аргумент заключается в том, что свобода превыше всего, то вам следует отметить слова и фразы, которые могут быть использованы для описания способа построения общества, в котором свобода важнее безопасности.

Перечислите пять важных утверждений о способе действий в поддержку своей позиции.

1. _____
2. _____
3. _____
4. _____
5. _____

C. Во время дебатов можно использовать вопросы о способе действия для ослабления аргумента своего оппонента. Например, вы можете задать следующий вопрос: «Как добиться того, чтобы государство не вмешивалось в личную жизнь своих граждан?»

Составьте пять вопросов своему оппоненту для ослабления его позиции.

1. _____
2. _____
3. _____
4. _____
5. _____

D. Вы также можете предугадать, какие вопросы о способе действия может использовать ваш оппонент. Необходимо составить аргументы против этих утверждений, указав на слабые стороны в реализации этих идей. Например, оппонент может спросить, как должно вести себя общество в момент повышенной опасности террористических актов? В ответ подразумевается отказ от гражданских свобод. Контраргументом может служить предположение о том, что вместо того, чтобы ограничивать свободу граждан, можно предпринять ряд действий, направленных на более четкую координацию действий различных спецслужб, изолированность которых друг от друга иногда и приводит к печальным последствиям по типу 11 сентября.

Просмотрите текст и перечислите пять основных вопросов о способе действия, которые оппонент мог бы использовать в поддержку своей позиции в дебатах. Затем укажите свои контраргументы против этих вопросов или утверждений.

1. _____
2. _____
3. _____
4. _____
5. _____

E. Повторение и применение. В главах 1–4 мы обсудили первые четыре из пяти стратегий, используемых в дебатах: гипотезу, определение, причинно-следственную связь и ценностные суждения. Постарайтесь применить их наряду с новой стратегией из данной главы.

Оформление высказывания

А. Изучите следующие речевые формулы для оформления своего высказывания.
1. Я убеждён(а), что . . . , так как . . .
2. . . . даёт мне право сделать следующий вывод: . . .
3. Моя позиция основана на . . .
4. Относительно . . . могу предоставить следующий аргумент (контраргумент).
5. Учитывая . . . , актуально вспомнить о . . .

Конструкции для ответов на вопросы

А. Во время дебатов важно не только процитировать конкретные примеры, но и **высказать собственное мнение** по поводу приведенных фактов. Используйте следующие выражения, если возникает подобная ситуация.
- Я не могу сейчас предоставить вам конкретные факты, но если вас интересует моё мнение, я бы сказал(-а), что . . .
- Мне хотелось бы поделиться своим мнением по поводу приведенных вами цифр.
- Позвольте высказать собственное мнение по данному вопросу.
- Мое мнение несколько отличается от мнения моих коллег. Я вкратце объясню почему.

От теории к практике: дебаты

А. **Устная презентация.** Подготовьте устную презентацию на 3–5 минут, представляя свою позицию. Порепетируйте и запишите себя на аудио. Прослушайте то, что получилось. Постарайтесь исправить неудачные, на ваш взгляд, моменты. Подготовьтесь к выступлению в классе.

В. **Дебаты.** Итак, настало время попробовать себя в дебатах. Постарайтесь собрать все свои заметки, касающиеся аргументов, активной лексики, предложений и предположений по данной теме. Помните, что записи можно использовать только в качестве подсказки.

Подведение итогов

Самооценка

A. Проанализируйте работу, которую вы проделали при подготовке к дебатам.

1. Я считаю, что я был(а) готов(а) к дебатам на эту тему.
2. Я вложил(а) много сил в подготовку к дебатам на эту тему.
3. Я с нетерпением ждал(а) своего выступления в дебатах на эту тему.

1	2	3	4	5	6
Полностью согласен (-на)	Согласен (-на)	В некоторой степени согласен (-на)	Несколько не согласен (-на)	Не согласен (-на)	Полностью не согласен (-на)

B. Если большая часть ваших ответов оказалась в диапазоне от 4-х до 6-ти, то что, по вашему мнению, нужно сделать, чтобы перейти в диапазон от 1-ого до 3-х?

Повторение лексики

Назовите **десять** ключевых словосочетаний из списка активной лексики, которые, на ваш взгляд, оказались наиболее полезными во время дебатов.

1. _____
2. _____
3. _____
4. _____
5. _____
6. _____
7. _____
8. _____
9. _____
10. _____

УРОК 6

Высшее образование или практический опыт

«Путь к успеху и роль образования на этом пути»

Подготовка к чтению

Введение в проблему

A. Возьмите интервью у трех человек (у носителей русского языка, если возможно, и у тех, кто изучает русский как иностранный), которые, на ваш взгляд, построили успешную карьеру. Запишите ответы на следующие вопросы:

1. Что такое для вас успешная карьера?
2. Какие качества способствовали вашему успеху?
3. Какой совет вы могли бы дать тем, кто находится в начале своего карьерного пути?

B. Найдите в Интернете три должности, на которых вы бы хотели работать. После этого выпишите требования, которые предъявляются к каждой позиции. Сравните эти требования с ответами респондентов на второй вопрос.

Должность №1: _____ Требования: _____

Должность №2: _____ Требования: _____

Должность №3: _____ Требования: _____

C. В группах представьте результаты своих опросов в классе. Ответьте на перечисленные ниже вопросы и задайте два своих вопроса для обсуждения.

1. Какие определения успешной карьеры встречались в ваших интервью чаще всего?

2. Чем объясняются сходство или различие ответов на последние два вопроса?

3. Исходя из собственного опыта по поиску желаемых должностей в Интернете, какие рекомендации вы могли бы дать тем, кто стремится к успешной карьере?

4. _____

5. _____

D. Внимательно прочитайте справку о том, какие толкования слова «успех» содержит словарь С.И. Ожегова. Объясните, как эти толкования соотносятся с информацией, которую вы собрали во время интервью.

Справка	
Успех	
1. Удача в достижении чего-либо.	(Напр.) Добиться успеха. Развивать успех (поддерживать высокие темпы наступления).
2. Общественное признание.	(Напр.) Шумный успех спектакля. Книга имеет успех.
3. (во множественном числе) Хорошие результаты в работе, учебе.	(Напр.) Успехи в музыке. Производственные успехи.

E. Проанализируйте заглавие статьи «Путь к успеху и роль образования на этом пути». Составьте список возможных проблем, которые будут обсуждаться в тексте.

1. _____

2. _____

3. _____

4. _____

5. _____

Создание тематических карт

A. Выпишите как можно больше слов, которые ассоциируются у вас с личным и профессиональным успехом. Расположите свои слова так, чтобы показать логические связи между ними последующему образцу:

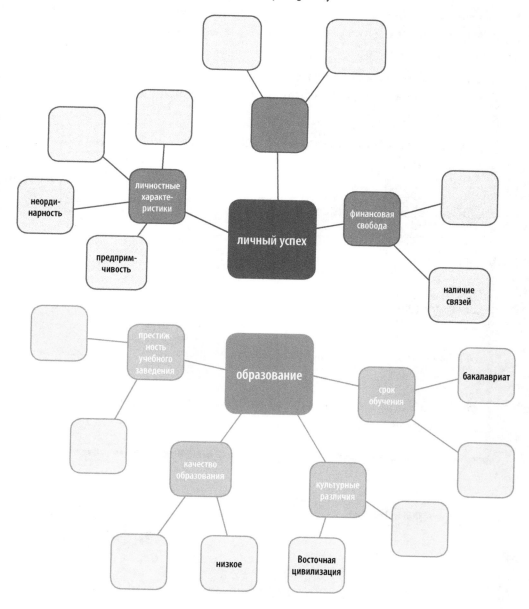

B. Работая в парах, сравните свои тематические карты, чтобы внести дополнитель- ные идеи. Обсудите, как вопросы личного успеха и образования пересекаются.

Обсуждение фактов и мнений

A. Если успех складывается из нескольких составляющих, то, согласно высказыва- ниям, приведённым ниже, какие факторы являются залогом успеха? Составьте свою формулу успеха.

> Единственное условие, от которого зависит успех, есть терпение.
>
> *Л. Толстой*
>
> Крупный успех составляется из множества предусмотренных и обдуман- ных мелочей.
>
> *В. Ключевский*
>
> Побеждает тот, кто меньше себя жалеет.
>
> *А. Суворов*
>
> Образование—чепуха, главное—талант.
>
> *М. Горький*
>
> Дисциплина—мать победы.
>
> *А. Суворов*
>
> Знания—это необходимая составляющая успеха.
>
> *В. Довгань*
>
> Необходимо делать то, что еще никто не делал,—только так можно добиться успеха, только так можно сохранить лидерство.
>
> *В. Довгань*

Изучение проблемы

Чтение статьи

A. Прочитайте статью «Путь к успеху и роль образования на этом пути». Запол- ните таблицу, выписав аргументы, приведенные в тексте. Дополните таблицу собственными аргументами.

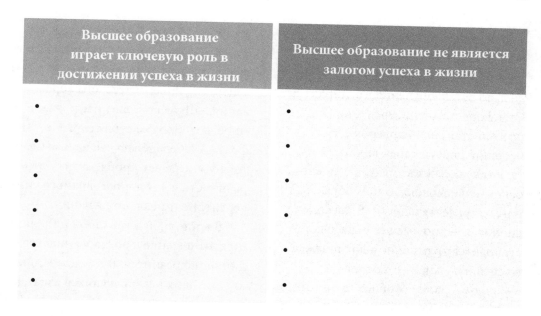

Высшее образование играет ключевую роль в достижении успеха в жизни	Высшее образование не является залогом успеха в жизни
• • • •	• • • • •

B. 🎧 Проверьте произношение новых слов, прослушав Аудиозапись 6.1.

Путь к успеху и роль образования на этом пути
Сергей Капитонов

Мощная индустрия рекламы и развлечений, СМИ и даже искусство ежечасно доносят до человека необходимость выбора правильного жизненного пути: построения успешной карьеры, получения высоких заработков, с одной стороны, и необходимость соответствия высоким стандартам потребления, с другой. Рисуя заманчивый образ успешного человека в обществе потребления, масс-медиа не даёт ответов на то, каким способом этот успех был достигнут, и на чём он основывается. Кроме внутренней гармонии и здоровья, путь к которым во многом индивидуален, неотъемлемыми слагаемыми успеха являются финансовая свобода

или самореализация, которые могут быть достигнуты как с применением классических общеизвестных алгоритмов личностного роста, так и без них. Очевидно, что родившись в «правильной» семье, получив достойное образование, сделав верный выбор места работы для начала карьеры, другими словами, пройдя по тропе, протоптанной многими поколениями, человек скорее достигнет успеха, нежели в случае следования «голосу сердца» и поиска своего уникального пути.

История щедро делится примерами успеха, достигнутого разными методами: например, глава Apple, Стив Джобс, не осилил и двух семестров в колледже, в то время как создатели поисковика Google, Сергей Брин и Ларри Пэйдж, напротив, познакомились во время обучения в аспирантуре Стэнфордского университета. Если первый стал миллиардером в силу неординарности своей личности и таланта, то успех вторых, в основном, основан на первоклассном образовании и научной деятельности. В глазах миллионов, именно высшее образование становится трамплином для прыжка в успешную жизнь и тем «лакомым кусочком», ради которого люди готовы претерпевать неудобства и мириться с лишениями. Однако является ли наличие высшего образования или ученой степени гарантией успеха в профессиональной карьере в условиях XXI века?

Качественное университетское образование теоретически является фактором престижа, своеобразным пропуском в высшую лигу. Так, диплом об окончании университета «лиги плюща», в случае США, или Оксбриджа, в случае Великобритании, становится свидетельством о принадлежности обладателя к элитарным социальным кругам, открывающим двери за кулисы мировой экономики и политики. При этом стоит понимать, что элитное образование не только даёт возможности, но и забирает их. Защитив свою магистерскую диссертацию в Гарварде или Йеле и поднявшись тем самым на несколько ступеней по социальной лестнице, человек будет испытывать всё больше трудностей в общении с людьми, не проделавшими

этот путь, а резко обострившееся чувство самоуверенности может иной раз сыграть злую шутку с обладателем элитного университетского образования. «Школа готовит нас к жизни в мире, которого не существует»,—эта фраза Альбера Камю как нельзя более точно описывает проблематику оторванности выпускника элитного университета от реальной жизни.

В восточной и западной цивилизациях отношение к образованию традиционно разнится. В Китае и Индии, крупнейших развивающихся азиатских экономиках, ценность образования намного выше, чем в западных обществах. Именно на Востоке социальное положение человека с образованием чрезвычайно высоко, а авторитет обладателя ученой степени непоколебим. Китайская семья может годами откладывать деньги на обучение детей в университете, однако годы строжайшей экономии не пройдут бесполезно, и выпускник университета, в особенности западного, сможет претендовать на высокую стартовую позицию с хорошими карьерными перспективами. Более 60 тысяч китайцев ежегодно уезжают учиться в американские университеты,[1] однако, выучив английский и начав даже мыслить «по-западному», они возвращаются на родину, формируя костяк экономико-политической элиты Поднебесной. В Индии, помимо прямых экономических выгод, получение университетского образования означает полный разрыв с пережитками кастовой системы, которая, несмотря на запрет, до сих пор продолжает играть важную роль в индийском обществе.

Далеко не все могут следовать формуле «быть умным—быть успешным», хотя бы в силу серьёзного финансового бремени, ложащегося на студента на всё время его обучения. Непосредственная плата за обучение, выраженная в денежном эквиваленте, является лишь одним из слагаемых общей суммы затрат на университетский курс, другими составными частями которой являются траты на аренду жилья, покупку книг, проезд и т.д. В России, как и в большинстве стран постсоветского пространства, а также странах Западной Европы, существует реальная возможность получать университетское образование за очень небольшие деньги, а то и—вовсе бесплатно. В США возможность получения бесплатного высшего образования полностью отсутствует, что, тем не менее, компенсируется высоким уровнем жизни в стране. К удивлению, система платного высшего образования применяется и в ряде беднейших стран. Так, в Кении среднегодовая зарплата составляет лишь $400, а плата за обучение в университете по ряду направлений может достигать $5000 и выше.[2] Страх перед возможностью утонуть в долгах негативно сказывается на психологическом состоянии студента, а нехватка средств на интересные учебные курсы ставит под сомнение саму целесообразность получения такого образования. Предприимчивый человек может с

большей пользой распорядится свободными средствами, не обучаясь в университете.

Убедительным аргументом против классического университетского образования является количество времени, затраченное на сопутствующие сидению за партой процессы, будь то перемещение между корпусами в университетском кампусе или перерывы между занятиями. За 4-летний период бакалавриата кажущиеся незначительными составляющие в итоге дают внушительные показатели неэффективно потраченного времени, которое можно было бы использовать для самообразования, воплощения собственных идей, занятия физическим и духовным трудом. Университетское образование является рекордсменом по впустую потраченному времени: после устройства на работу индивид, скорее всего, будет применять секреты тайм-менеджмента для облегчения жизни в условиях постоянного цейтнота.

Философским доводом не в пользу образования является знаменитое изречение Сократа: «Я знаю, что ничего не знаю». Действительно, с повышением образовательного уровня человек раздвигает границы познаваемого и начинает задавать вопросы, на которые, возможно, не в силах ответить не только он один, но и вся современная наука. Душевные терзания исследователя, неспособного найти ответ на мучающий его вопрос, могут показаться смешными обывателю, однако для учёного это является вопросом жизни и смерти, в философском, разумеется, смысле. Напротив, счастлив человек малообразованный и не задающий слишком глубоких вопросов.

В России высшее образование всегда считалось престижным и во многом определяло карьерный рост и успехи в будущем. Так на протяжении всей своей жизни учился великий русский учёный, физиолог Иван Сеченов. Окончив военное училище, он увлёкся медициной и закончил медицинский факультет Петербургского университета, а затем, заинтересовавшись физиологией, уехал учиться за границу, став учеником знаменитого французского микробиолога Луи Пастера. А вот Максим Горький выучился сам по книгам. Именно самообразование помогло развиться его таланту, превратив во всемирно известного писателя, а своими университетами Горький назвал школу жизни. При этом исключения подтверждают правило: и в дореволюционной России, и в советское время наличие высшего образования было мерилом успеха.

Развал СССР и тяжёлый переход к рыночной экономике оказали своё влияние и на отношение населения к образованию в целом, и на научную деятельность в частности. Главным показателем успешности человека в последнее десятилетие XX века на постсоветском пространстве стало материальное благосостояние, которое в условиях «дикой рыночной экономики» могло быть достигнуто далеко не только за счёт образовательного

уровня. Престиж ученой степени в обществе снизился до минимального уровня, а вместе с ним и общий уровень образованности населения. Если в начале 90-х годов XX века 79% россиян читали хотя бы одну книгу в год, то к середине 2000-х эта цифра снизилась до 63%.[3] Более того, в первое постсоветское десятилетие не только ухудшилось отношение общества к образованию, но и резко снизилось само качество образования, что с учётом коррупционной составляющей российской экономики вылилось в ужасающие цифры. Согласно социологическому опросу, проведённому в начале 2011 года, каждый десятый россиянин готов купить фальшивый диплом для последующего продвижения на работе. Если человек окружён «посредственностями» в своём коллективе, то и работодатель не обратит никакого внимания на диплом, не соответствующий общему уровню подготовки работника.

Несмотря на столь удручающую статистику, в какой-то мере являющуюся наследием 1990-х годов, определённый перелом в сознании общества произошёл—«быть умным» снова стало модно в России. Уровень ведущих университетов вплотную приближается к самым высоким мировым стандартам, государство разрабатывает различные программы, стимулирующие исследователей заниматься своей деятельностью в России, всячески поощряется участие в международных образовательных программах. Да и уровень требований работодателей к образовательному уровню кандидатов серьёзно повысился в последние годы, причём как в зарубежных, так и в российских компаниях. Новые условия диктуют новые требования, и успех индивида в современной России в большей степени уже зависит не от предприимчивости и «пробивного характера», а от эрудиции и образованности.

Итак, высшее образование и ученая степень напрямую влияют на дальнейший успех, который фактически гарантирован в случае окончания престижного всемирно известного учебного заведения. Знания и контакты, полученные за время обучения, значительно упрощают поиск жизненного призвания и становятся залогом достижения финансовой свободы. При этом получение высшего образования нельзя назвать исключительно благоприятным процессом, и платой за принадлежность к элитным социальным кругам может стать нервное истощение или утрата чувства внутренней гармонии. Основой современной модели успеха западного типа является классическое университетское образование, никаких альтернатив этому центральному элементу системы не предусмотрено. Несмотря на это, многие исследователи проблематики связи образования и жизненного успеха полагают, что у любого индивида должна оставаться возможность *неполучения* образования, а то, чем личность способна заменить данный процесс, и проявляет те качества человека, именно благодаря которым достижение успеха становится реальностью.

Литература

1. Юлия Латынина, передача «Код доступа», «ЭХО Москвы», 3 сентября 2011 года http://echo.msk.ru/programs/code/808239-echo/.
2. Wycliffe Otieno, Mary Ngolovoi, «Brief Description of the Higher Education System in Kenya», 2002–2009 http://www.international.ac.uk/resources/Brief%20Description%20of%20the%20Higher%20Education%20System%0in%20Kenya.pdf.
3. РИА Новости, 2008 http://ria.ru/spravka/20080611/110842173.html.

Проверка понимания

A. Выберите наиболее подходящий ответ на следующие вопросы:
1. Какова основная цель автора статьи?
   a. Раскритиковать существующую российскую систему образования.
   b. Обсудить преимущества получения образования в наши дни.
   c. Проанализировать составляющие успешной карьеры и пути к этому успеху.
   d. Сравнить западную и восточную системы образования.

2. Какой фактор, по мнению автора, является залогом успеха?

    a. Крепкие связи в мире бизнеса.

    b. Финансовая свобода.

    c. Престижный университет.

    d. Известные родители.

3. Что автор подразумевает под словами: «элитное образование не только дает возможности, но и забирает их»?

    a. Люди, получающие образование в престижных учебных заведениях, чаще всего подвержены приступам самонадеянности, тем самым лишая себя возможности встретиться с теми, кто занимает более низкое социальное положение.

    b. Плата за обучение в престижных учебных заведениях слишком высока и семьи вынуждены годами копить на образование своих детей.

    c. Государство временно лишается своих лучших научных ресурсов, посылая их за рубеж для того, чтобы те могли способствовать развитию своей страны по возвращению домой.

    d. Многие студенты разрываются между учебой и работой, не имея при этом времени на близких, в результате чего страдают семейные отношения.

4. Какую цель преследовал автор, приводя в пример Стива Джобса и Сергея Брина?

    a. Сравнить успех двух гениев, кардинально изменивших сегодняшний мир.

    b. Продемонстрировать, насколько разнообразны пути достижения успеха.

    c. Показать, что образование, полученное в Стэндфордском университете, является самым престижным.

    d. Убедить читателя в необходимости получения образования.

5. В отличие от западного общества, каково отношение представителей восточных стран к образованию в современном обществе?

a. Образование в наши дни стоит нереально дорого.

b. Образование ведет к исчезновению кастовых и других социальных различий.

c. Образование определяет успех человека.

d. Образование ведет к духовной целостности человека.

6. Согласно тексту статьи, каково главное отличие российских высших учебных заведений от американских?

a. Образование в России является впустую потраченным временем.

b. Студенты в России обычно не покупают книги, а берут их в библиотеке.

c. Российские студенты ходят на лекции каждый день.

d. В российских вузах плата за обучение гораздо ниже, чем в американских.

7. В поддержку какого аргумента автор приводит в качестве примера жизнь известного русского ученого Ивана Сеченова?

a. Образование лучше получать за границей.

b. Образование всегда ценилось во Франции.

c. Образование всегда было важным фактором успеха в России.

d. Образование ведет к знакомству с известными людьми.

8. Какие изменения в отношении образования произошли в постсоветское время?

a. Усугубилась ситуация с безработицей.

b. Увеличилось количество образованных людей.

c. Уменьшилась значимость диплома о высшем образовании.

d. Снизилась эффективность образовательной системы.

Освоение лексики

Активная лексика	
Образование и карьера	**Общая лексика**
1. ведущий университет	1. воплощать идею
2. внутренняя гармония	2. вопрос жизни и смерти
3. диплом об окончании университета	3. впустую потраченное время
4. жизненное призвание/путь	4. всемирно известный
5. закончить факультет	5. выражаться в денежном эквиваленте
6. защитить диссертацию	6. играть важную роль
7. карьерный рост	7. мириться с лишениями
8. материальное благосостояние	8. перелом в сознании общества
9. научная деятельность	9. подводные камни
10. обучение в аспирантуре	10. претерпевать неудобства
11. слагаемые успеха	11. сделать правильный выбор
12. социальное положение	12. соответствовать стандарту
13. успешная карьера	13. ставить под сомнение
14. ученая степень	14. сыграть злую шутку
15. фальшивый диплом	15. утонуть в долгах

Расширение словарного запаса

A. Закончите тематические карты, созданные в первой части, используя слова из списка активной лексики.

B. Установите соответствие между фразеологизмами в левой колонке и их синонимами в правой. Найдите в тексте статьи предложения с этими выражениями и объясните их значение.

1. следовать голосу сердца	a. представлять из себя проблему, от решения которой многое зависит
2. быть слагаемыми успеха	
3. пользоваться непоколебимым (непререкаемым, большим) авторитетом	b. руководствоваться эмоциями, а не разумом
	c. являться (служить) препятствием в чём-либо
4. быть вопросом жизни и смерти	
5. быть подводным камнем	d. являться главными условиями успешной деятельности
6. подняться (на несколько ступеней) по служебной лестнице	e. быть уважаемым человеком, мнение которого не подвергается сомнению
7. чувствовать себя оторванным от чего-либо, кого-либо	f. находиться в изоляции, иметь мало контактов, мало общего с кем-либо, с чем-либо
8. сыграть злую шутку с кем-либо	
9. тонуть / утонуть в долгах	g. иметь слишком большие задолженности
	h. получить повышение по службе
	i. поступить с кем-либо плохо, несправедливо

C. Составьте все возможные словосочетания, подобрав к глаголам левой колонки слова и словосочетания из правой колонки. В случае затруднений обращайтесь к тексту статьи.

1. достигать / достичь *чего?*	a. неудобства
2. воплощать / воплотить *что?*	b. идеи
3. мириться / примириться *с чем?*	c. служебная лестница
4. получать / получить *что?*	d. финансовая свобода
5. поощрять / поощрить *кого?* *что?*	e. время
	f. высокий уровень благосостояния
6. претендовать *на что?*	g. элитные слои общества
7. претерпевать / претерпеть *что?*	h. воля
8. принадлежать *к кому? к чему?*	i. качественное образование
9. продвигаться / продвинуться *где? по чему? куда?*	j. усилия
	k. качества характера
10. проявлять / проявить *что?*	l. мечта
11. распоряжаться / распорядиться *чем?*	m. интеллектуальная элита
	n. несправедливость
12. следовать / последовать *чему?*	o. денежные средства
13. тратить / затратить *что?* (*на что?*)	p. лишения
	q. творческие планы
	r. силы
	s. «голос сердца»
	t. диплом престижного университета
	u. всеобщее признание
	v. высокое положение в обществе

D. Закончите предложения в левой колонке, выбрав подходящие по смыслу варианты из правой колонки.

1. Исчерпав все возможные варианты решения трудной научной задачи, учёные . . .
2. Непреодолимые препятствия . . .
3. Неординарность личности Стивена Джобса и активная исследовательская работа . . .
4. Сергей Брин и Ларри Пэйдж воплощали . . .
5. Учёные завершают изучение нового явления, в своих исследованиях они . . .

a. послужили стартовой площадкой карьерного роста.
b. зашли в тупик.
c. тормозили реализацию выгодного контракта.
d. вышли на финишную прямую.
e. пошли по пути, протоптанному многими поколениями.

E. Перейдите по следующей ссылке: http://corpus.leeds.ac.uk/ruscorpora.html. Выберите либо Национальный корпус русского языка, либо Российский Интернет корпус. Под «Concordance» отметьте «lemma», затем щелкните «Collocations». В разделе «Context» введите 3 «words to the right» and 3 «words to the left». Выпишите три слова, которые образуют словосочетания со словами из следующей таблицы.

Высшее образование и личный успех	Компоненты словосочетаний		
1. диплом	a. получить	b. защитить	c. вручить
2. образование			
3. преимущество			
4. успех			
5. продвижение			
6. потребление			
7. выгода			
8. путь			
9. прогресс			
10. ценность			

F. Используйте пять словосочетаний из приведенной выше таблицы, чтобы составить предложения по проблеме получения высшего образования за границей.

1. _____
2. _____
3. _____
4. _____
5. _____

G. Выберите в качестве предмета исследования известную личность, например, Билла Гейтса. Основываясь на найденной информации, опишите полученное данным человеком образование и его/ее карьерный рост, используя при этом словосочетания из справки.

H. Прочитайте следующую информацию.

Справка
Как выразить эмоциональную оценку факта, события, явления

Удивление:

Удивительно / поразительно / странно, (но) . . .

К удивлению (*кого?*) / к изумлению (*кого?*) . . .

Одобрение, положительную оценку:

К счастью, . . .

На счастье . . . (разг.)

К радости, . . .

. . . что хорошо, . . .

. . . что еще лучше, . . .

Неодобрение, отрицательную оценку:

К несчастью, . . .

К сожалению, . . .

К чьему-либо стыду / неудовольствию, огорчению, . . .

. . . что (ещё) хуже, . . .

. . . что обидно, . . .

Увы, . . .

Исследование смыслов

А. Прочитайте предложения. Найдите однокоренные глаголы, объясните разницу в их значениях. Обратите внимание на различия в управлении глаголов.

1. В престижных университетах студентов учат лучшие профессора.
2. Сергей Брин и Ларри Пейдж, которые обучались в аспирантуре Стэндфорд-ского университета, сделали блестящую карьеру.
3. Стив Джобс самостоятельно научился создавать сложнейшие компьютер-ные программы.
4. Известный русский писатель Максим Горький выучился сам по книгам.
5. Русский физиолог Иван Сеченов, после того как отучился в военном учи-лище, заинтересовался медициной и закончил медицинский факультет Петербургского университета.
6. Студент долго учил правило, но так его и не выучил, потому что недоучил важные грамматические термины.
7. В коммерческой фирме ожидается сокращение сотрудников, поэтому мно-гие из них должны переучиваться, чтобы найти новое место работы.

В. Исходя из того, чему вы научились, выполняя упражнение А, согласуйте слова из колонки слева с их значением в колонке справа. Используя приведенные в таблице слова, в парах поделитесь сведениями о своем собственном образовании.

1. учить, обучать/обучить (*кого? чему? где?*)
2. учиться/отучиться (*где? В течение какого времени?*)
3. учить/выучить (*что?*)
4. недоучивать/недоучить (*что?*)
5. отучаться/отучиться (*от чего?*)
6. переучивать/переучить (*кого?*)

a. закончить обучение, образование где-либо.
b. выучить что-либо неполностью, недостаточно хорошо.
c. дать другие знания, учить делать что-либо по-новому, по-другому; *Син. профессиональная переподготовка.*
d. давать кому-либо знания, образование, формировать у кого-либо навыки и умения.
e. изменить привычку, перестать что-либо делать.
f. запомнить информацию.

C. Прочитайте следующую информацию.

Справка
Обратите внимание на следующие три глагола, имеющие похожие значения: • **обучаться/обучиться** (*чему? где?*): получать знания, навыки. *Син.* **выучиться/научиться** • **учиться/научиться** (*чему? что делать? у кого?*): 1) освоить навыки выполнения каких-либо действий, деятельности; *Син.* **научиться, обучиться** • **выучиться/обучиться**. 2) получить профессию, специальность. **учиться/выучиться** (*чему? на кого?*): 1) освоить навыки выполнения каких-либо действий, деятельности; *Син.* **научиться, обучиться**; 2) получить профессию, специальность

D. Вспомните как можно больше слов и словосочетаний, которые могут быть использованы в сопроводительном письме при устройстве на работу или в мотивационном письме при поступлении в университет. Обратите внимание на то, что некоторые словосочетания могут одновременно входить в несколько категорий.

Поступление в университет	Устройство на работу
•	•
•	•
•	•
•	•
•	•
•	•

E. Работая в парах, разыграйте интервью либо во время поступления в университет, либо при устройстве на работу. Используйте лексику из заполненной вами таблицы.

Обсуждение статьи

A. Работая в парах, ответьте на следующие вопросы к статье «Путь к успеху и роль образования на этом пути», используя словосочетания из списка активной лексики.

1. Почему, по словам автора, время является аргументом против получения высшего образования?

2. Основываясь на тексте статьи, скажите, что означает формула «быть умным—быть успешным»? Насколько реалистично воплощение в жизнь данной формулы?

3. Что, по мнению автора, имел в виду Сократ, когда сказал: «Я знаю, что ничего не знаю»? Аргументируйте свою позицию при помощи примеров из текста.

4. На ваш взгляд, образование должно быть платным или бесплатным? Объясните свою позицию.

5. Что является залогом успеха в современной России—наличие высшего образования или личные заслуги человека? Какой точки зрения придерживаются американцы?

6. Что понимает автор статьи под выражением «качественное университетское образование»?

7. В чем кроется опасность для многих выпускников так называемых элитных высших учебных заведений?

8. В чем заключается нецелесообразность получения образования? Почему некоторые потенциальные студенты предпочитают самообразование учебе в университете?

9. Является ли наличие диплома о высшем образовании непременным слагаемым успеха? Аргументируйте свою позицию.

10. Какие отрицательные изменения в области образования произошли в современной России? Назовите три.

Построение критического дискурса

Порядок слов

А. Прочитайте следующую информацию.

Справка
В русской речи существует два основных типа порядка компонентов предложения: 1. прямой: субъект → предикат. Например: Малообразованный человек, не задающий слишком глубоких вопросов, счастлив. 2. обратный (инверсия): предикат → субъект. Например: Счастлив человек малообразованный, не задающий слишком глубоких вопросов! Прямой порядок компонентов характерен для нейтральной речи, обратный—для эмоциональной, экспрессивной речи: публицистического текста, разговорной речи, художественной литературы. Кроме того, самые важные части информации в эмоциональной речи можно выделить логическим ударением или(и) словом *именно*.

В. Передайте содержание данных ниже предложений из текста статьи эмоционально.
1. Высшее образование всегда считалось престижным.
2. Самообразование помогло развиться таланту великого русского писателя Максима Горького.
3. В России наличие высшего образования всегда было мерилом успеха.
4. Высшее образование и учёная степень влияют на дальнейший успех.
5. Знания и контакты, полученные во время обучения, являются залогом финансовой свободы.

Построение сложных предложений

A. Прочитайте следующую информацию.

Справка
Как сообщить о том, что события или процессы происходят одновременно

Модели: 1) (В то время) когда масс-медиа рисуют заманчивый образ успешного человека, они не объясняют способы достижения этого успеха.

2) Рисуя заманчивый образ успешного человека, масс-медиа не объясняют способы достижения этого успеха.

Обратите внимание! Замена придаточной части предложения деепричастным оборотом возможна только при наличии единого субъекта.

B. Используя данную ниже таблицу, сообщите о том, что данные процессы происходят одновременно.

Событие / процесс 1	Событие / процесс 2
• повышение человеком образовательного уровня • обучение студента в университете • переход страны на рыночную экономику • получение человеком образования в престижном университете	• расширение границ непознанного • трата части времени впустую • падение престижа высшего образования • установление контактов, полезных для будущей карьеры

C. Прочитайте следующую информацию.

Как сообщить о последовательности событий или процессов

Модель I: 1) Прежде чем/раньше чем/перед тем, как/до того, как человек начнёт профессиональную деятельность, он должен получить достойное образование.
2) До начала профессиональной деятельности человек должен получить достойное образование.

Модель II: 1) После того как/как только человек получит достойное образование, он может начинать профессиональную деятельность.
2) После получения достойного образования человек может начинать профессиональную деятельность.
3) Получив достойное образование, человек может начинать профессиональную деятельность.

Обратите внимание! Замена придаточной части предложения словосочетанием или деепричастным оборотом возможна только при наличии единого субъекта.

D. Используя данную ниже таблицу, сообщите о последовательности событий, процессов.

Событие / процесс 1	Событие / процесс 2
• достижение учёным успеха в мировой науке	• окончание аспирантуры или магистратуры всемирно известного университета
• правильный выбор человеком места работы	• достижение профессионального успеха
• получение китайскими студентами высшего образования в США	• возвращение на родину
• окончание Иваном Сеченовым военного училища	• обучение в Петербургском университете

E. Исправьте, где это необходимо, и объясните ошибки в предложениях.

1. Окончив престижный университет, перед человеком появляются большие возможности для карьерного роста.

2. Повышая образовательный уровень, у человека возникают вопросы, на которые не в силах ответить современная наука.

3. После окончания первого курса университета Стив Джобс начал самостоятельную профессиональную деятельность.

4. Устроившись на работу, человек начинает применять секреты тайм-менеджмента.

5. Обучаясь в университете, значительная часть времени тратится человеком впустую.

Умение распознавать логические ошибки

А. В предыдущей главе мы рассмотрели пять логических ошибок, допускаемых в дебатах. В этой главе представлены еще пять ошибок сих характеристиками.

Справка	
Определение	**Пример**
«Из мухи слона»	
Искажение аргумента противника (намеренное преувеличение) для того, чтобы опровергнуть его позицию	*Диетологи призывают к голоданию, что, как известно, может закончиться летальным исходом.*
«Игра на чувствах»	
Манипуляция эмоциями других в обход законов логики	*Представьте, что со мной сделают дома, когда узнают, что я провалил экзамен.*
«Жизнь на Марсе»	
Утверждение того, что аргумент истинен, несмотря на то, что он не был доказан.	*Государство не должно тратить большие средства на здравоохранение, т.к. все болезни можно вылечить гомеопатией.*
«Черное и белое»	
Ограничение выбора двумя крайними вариантами.	*Ты либо с нами, либо против нас.*
«Дважды два пять»	
Построение ложной причинно-следственной связи.	*Помой свою машину—и пойдет дождь.*

B. Проверьте логику в следующих высказываниях. Определите, к какому типу относятся логические ошибки там, где вы их обнаружите.

1. Профессора убеждают вас в том, что без докторской степени вы не добьетесь успеха в жизни.

2. С течением времени все больше и больше женщин стремятся получить высшее образование, но одновременно с этим уровень экономики значительно снизился. Получение образования женщинами ведет к гибели нашей нации и не должно поощряться.

3. Статистические данные свидетельствуют о том, что те, кто получил высшее образование, зарабатывает больше, чем те, кто его не получил.

4. Есть только два пути к самостоятельности и известности: необходимо либо окончить университет, либо обзавестись нужными связями.

5. При наличии связей вам вряд ли понадобится высшее образование, чтобы найти престижную работу. На самом деле важно не то, что ты знаешь, а то, кого ты знаешь.

6. Я работаю в поте лица, чтобы платить за твое обучение, и у тебя есть все возможности, каких не было у меня. Если ты не будешь учиться, ты сведешь меня в могилу.

7. С увеличением количества студентов вузов число желающих выполнять низкооплачиваемую работу уменьшилось, то есть подметать улицы скоро будет некому.

8. Дима может подтвердить, какой я прекрасный работник и почему я заслуживаю повышение. Вы должны доверять Диме, т.к. я определенно могу поручиться за него.

Построение предположений

A. Прочитайте цитату из речи Дмитрия Медведева на встрече с руководителями американских венчурных фондов (май 2010 года).

> « . . . буквально неделю назад я подписал закон, по которому высококвалифицированные специалисты, приезжающие из-за границы, должны приниматься в упрощённом порядке. Он сейчас начнёт действовать. Наверное, это тоже не идеальная схема, но это более длительные сроки пребывания, и он ориентирован именно на высококвалифицированные кадры, на высококвалифицированных специалистов . . . »

B. Поразмышляйте над содержанием данной цитаты в свете следующих вопросов:
1. Кого можно отнести к высококвалифицированным специалистам? Так ли необходимо высшее образование, чтобы считаться высококвалифицированным специалистом?
2. Какова роль практического опыта в повышении квалификации?
3. Существуют ли какие-то профессиональные привилегии для лиц с высшим образованием? Аргументируйте свою точку зрения.

C. Постройте свои предположения, используя конструкции **«если . . . , то . . . »** и **«если бы . . . , то . . . »**. Обратите внимание на использование вводных слов **наверное, вероятно, очевидно, скорее всего, возможно, может, несомненно** в данных конструкциях.

условия	+	возможные последствия
• Если что-то случится,		• то что-то случится.
• Если что-то делается,		• то, очевидно, что-то происходит.
• Если бы кто-то что-то сделал,		• то, вероятно, что-то бы произошло.
• Если бы что-то произошло,	→	• то, скорее всего, что-то бы произошло.
• Если бы что-то было сделано,		• то, наверное, что-то могло бы случиться.
• Если бы что-то не было сделано,		• то, возможно, удалось бы предотвратить что-то.

Ролевая игра

A. Выберите одну из ролей, перечисленных ниже, и разыграйте ее, используя, по крайней мере, десять слов из списка активной лексики на каждого.

Ситуация: Городской совет провёл встречу с представителями местной общины для создания некоммерческой организации, целью которой является сбор денежных средств на академические стипендии для одаренных студентов (независимо от их финансовых возможностей).

<u>Роль А:</u> Представитель состоятельных слоев населения не верит в то, что высшее образование играет большую роль в достижении успеха в будущем. Соответственно, он выступает против любой идеи создания общественного фонда, который назначает стипендии.

<u>Роль Б:</u> Представитель состоятельных слоев населения верит в то, что, несмотря на семейный достаток, каждый ребенок должен сам пробивать путь в жизни и преуспеть благодаря собственным усилиям. Таким образом, он поддерживает идею создания фонда.

<u>Роль В:</u> Представитель менее состоятельных слоев населения верит в равенство возможностей, поощряемых получением достойного образования. Итак, он верит в необходимость создания фонда.

<u>Роль Г:</u> Представитель менее состоятельных слоев населения не верит в то, что создание фонда может помочь выбраться из бедности, и единственным выходом является усердная работа, чтобы обеспечить самих себя и не тратить понапрасну время на образование.

Аудирование

A. Перед тем, как прослушать запись, постарайтесь предсказать все возможные аргументы, которые будут использованы каждой из сторон. Заполните следующую таблицу.

Наличие высшего образования гарантирует успех в жизни	Наличие высшего образования не гарантирует успех в жизни
•	•
•	•
•	•
•	•
•	•
•	•
•	•

B. 🎧 **Первое прослушивание. Цель: понять общую аргументацию.** Прослушайте запись 6.2 и отметьте в заполненной вами таблице аргументы, которые вы услышали. Добавьте в таблицу те аргументы из записи, которые вы не внесли перед прослушиванием.

C. **Второе прослушивание. Цель: уловить конкретные детали.** Прослушайте запись второй раз и оцените аргументы как сильные или слабые. Какие моменты в представлении и/или поддержке аргумента повлияли на вашу оценку?

A. Какая из сторон выдвинула наиболее убедительные аргументы? Процитируйте самый сильный, на ваш взгляд, аргумент.

B. В каждом споре за кем-то всегда остается последнее слово. Попробуйте предположить, как можно было бы ответить на последний аргумент, прозвучавший в записи.

Построение аргументации: письмо

Эссе: редактирование

После того, как вы написали черновик своего эссе, необходимо его отредактировать. Предлагаем следующий алгоритм действий:

1. Обратитесь к главному тезису своего эссе. Он должен быть четко сформулирован во вступительной части и перефразирован в заключительной. Удостоверьтесь, что все абзацы направлены на раскрытие именно тезиса, а не просто представляют собой размышления на тему.

2. Проверьте логику изложения. Все абзацы должны плавно вытекать друг из друга и представлять собой единое целое, т.е. ни один абзац не должен выделяться из общего изложения.

3. Просмотрите абзацы на наличие конкретных доказательств. Если конкретные примеры отсутствуют, то необходимо найти их во внешних источниках.

4. Убедитесь, что ваше эссе содержит один абзац, посвящённый обзору контраргументов.

5. Оцените эффектность своего вступления и заключения. Подумайте, какие приемы вы использовали и уместны ли они в данном эссе.

6. Перечитайте свое эссе с особой тщательностью, обращая внимание на языковые средства, которые вы использовали при написании эссе. Удостоверьтесь, что в вашей работе нет лексических и грамматических ошибок.

А. Прочитайте следующее эссе и проанализируйте его в соответствии с алгоритмом. Какие изменения вы бы порекомендовали внести автору?

Практический опыт как фактор жизненного успеха

В последнее десятилетие во всем мире наблюдается тенденция, при которой всё больше и больше выпускников высших учебных заведений, получивших диплом бакалавра, стремятся продолжить своё образование и получить диплом магистра, а те, которые получили диплом магистра,—ученую степень кандидата наук. Несмотря на такую тенденцию, наличие диплома о высшем образовании не приводит к успеху. Жизненный успех является результатом природной предприимчивости и практического опыта, а получение диплома о высшем образовании— всего лишь соблюдение «общественной формальности».

Существует множество примеров успешных, в глазах современного общества, бизнесменов, спортсменов и представителей киноиндустрии, которые не получили или не закончили образования: Майкл Делл (основатель компьютерной компании «Делл»), Генри Форд (основатель автомобильной компании «Форд»), Билл Гейтс (основатель компании «Майкрософт»), Джон Рокфеллер (основатель компании «Стендард Ойл»), Марк Цукерберг (основатель компании «Фейсбук»). Но не стоит забывать и о людях, которые достигли успеха именно благодаря своему образованию: Кондолиза Райс (66-й Государственный секретарь США), Калеб Бредхем (фармацевт, придумавший напиток «Пепси-Кола» и основавший компанию «Пепси-Кола Кампани»), Майкл Блумберг (учредитель и владелец информационного агентства «Блумберг»), Сергей Брин и Лоуренс Пейдж (разработчики и основатели поисковой системы «Гугл»).

Если задуматься об истории успеха фармацевта Калеба Бредхема, можно догадаться, что он вряд ли разработал бы напиток «Пепси-Кола», не будь у него специальных знаний в области фармацевтики.[1] Кондолиза Райс вряд ли была бы назначена 66-м Государственным секретарём США, не получив степень доктора политических наук. Трудно также согласиться с тем, что специальные знания в области вычислительной техники и поисковых машин были лишними для Сергея Брина и Лоуренса Пейджа при разработке поисковой системы «Гугл».

Безусловно, нельзя поспорить с тем, что, хотя многие успешные люди достигли жизненного успеха благодаря своей предприимчивости, всё же наиболее успешные люди—это люди с образованием. Их жизнь является более гармоничной и полной, нежели жизнь людей, не получивших образования. Кроме того, то небольшое количество выпускников школ, не поступивших в высшие учебные заведения, считаются «белыми воронами», и, следовательно, никогда не станут успешными.

Ответ на вопрос «образование или практический опыт для достижения успеха»—чрезвычайно прост: необходимо получить как образование, так и жизненный опыт. Самые успешные люди—это те, которые поступили в университет и, проучившись 2–3 года, его бросили.

Литература

1. *Подробнее* о Калебе Бредхеме на (англ.): http://www.northcarolinahistory.org /commentary/113/entry.

От теории к практике: эссе

A. Письменно изложите свою позицию по проблеме «высшее образование или практический опыт» в эссе из пяти или шести абзацев, суммируя все изученное в рамках данной темы. Не забудьте использовать активную лексику.

B. Работая в парах, обменяйтесь своими собственными эссе по теме высшего образования. Используйте алгоритм, чтобы отредактировать полученный текст. Обсудите свои замечания в парах.

Построение аргументации: практика речи

Стратегии ведения дебатов

A. Прочитайте следующую информацию и выполните упражнение.

Справка
В этом разделе мы постараемся применить все пять стратегий ведения дебатов, которые были рассмотрены в предыдущих главах. Как вы помните, мы обсудили следующие: 1. Гипотетические вопросы. *Что бы случилось, если бы каждый достиг высоких академических результатов?* 2. Вопросы-определения. *Что значит быть образованным?* 3. Причинно-следственные вопросы. *К чему приведет перевод образования полностью на коммерческую основу?* 4. Вопросы о ценностных ориентациях. *Обязано ли правительство обеспечивать высококачественное образование каждому?* 5. Вопросы о способе действий. *Как, с учетом постоянно растущей стоимости, можно сделать высшее образование более доступным?*

B. Перечислите пять утверждений или вопросов в поддержку своей позиции, используя все пять стратегий.

1. Выдвижение гипотез.

_____

2. Построение определений.

_____

3. Обсуждение причинно-следственных связей.

_____

4. Выявление ценностных ориентаций.

_____

5. Объяснение способов действия.

_____

C. Постарайтесь предугадать аргументы своего оппонента и составьте к ним контраргументы различных типов.

1. _____
2. _____
3. _____
4. _____
5. _____

Оформление высказывания

A. Изучите следующие речевые формулы для оформления собственного высказывания.

1. Аргумент . . . является справедливым при условии, что . . .
2. В вашем аргументе есть рациональное зерно, и я согласен(-на) с тем, что . . .
3. Когда дело касается . . . , большинство из нас соглашается с тем, что . . .
4. Я поддерживаю вас в том, что . . . , но не могу согласиться с тем, что . . .
5. Я мог(ла) бы согласиться с вашей позицией при условии, что . . .

Конструкции для ответов на вопросы

B. Во время дебатов может случиться так, что вы по тем или иным причинам **не в состоянии ответить** на заданный вам вопрос. Используйте следующие выражения, если возникает подобная ситуация.

• К сожалению, я не могу ответить на этот вопрос.
• Прошу прощения, но я бы предпочёл(-ла) не отвечать на этот вопрос, просто потому что . . .
• Боюсь, я не смогу ответить на ваш вопрос, потому что . . .
• Хотя этот вопрос и заслуживает особого внимания, я не думаю, что могу дать на него достойный ответ прямо сейчас.

A. Устная презентация. Подготовьте устную презентацию на 3–5 минут, представляя свою позицию. Порепетируйте и запишите себя на аудио. Прослушайте то, что получилось. Постарайтесь исправить неудачные, на ваш взгляд, моменты. Подготовьтесь к выступлению в классе.

B. Дебаты. Итак, настало время попробовать себя в дебатах. Постарайтесь собрать все свои заметки, касающиеся аргументов, активной лексики, предложений и предположений по данной теме. Помните, что записи можно использовать только в качестве подсказки.

Подведение итогов

Самооценка

A. Проанализируйте работу, которую вы проделали при подготовке к дебатам.
1. Я считаю, что я был(а) готов(а) к дебатам на эту тему.
2. Я вложил(а) много сил в подготовку к дебатам на эту тему.
3. Я с нетерпением ждал(а) своего выступления в дебатах на эту тему.

1	2	3	4	5	6
Полностью согласен (-на)	Согласен (-на)	В некоторой степени согласен (-на)	Несколько не согласен (-на)	Не согласен (-на)	Полностью не согласен (-на)

B. Если большая часть ваших ответов оказалась в диапазоне от 4-х до 6-ти, то что, по вашему мнению, нужно сделать, чтобы перейти в диапазон от 1-ого до 3-х?

Повторение лексики

Назовите **десять** ключевых словосочетаний из списка активной лексики, которые, на ваш взгляд, оказались наиболее полезными во время дебатов.

1. _____
2. _____
3. _____
4. _____
5. _____

6. _____
7. _____
8. _____
9. _____
10. _____

Appendix A

СТРУКТУРА ДЕБАТОВ

Формат

Данные рекомендации отражают одну из разновидностей парламентских дебатов, которые являются наиболее распространенным видом университетских дебатов. Вместе с тем, представленные в учебнике темы также подходят и для любого другого стиля дебатов на усмотрение преподавателя.

Распределение ролей

Для проведения дебатов в рамках занятий авторы предлагают следующий алгоритм действий:

1. Студенты делятся на две равные по количеству человек группы: за и против ключевого утверждения по теме. Начинает команда «за», продолжает команда «против».

2. Команда «за» начинает дебаты с ключевого утверждения, которое строится по следующему принципу: «Эта сторона считает, что . . . (далее следует утверждение)». Например, «Эта сторона считает, что правительство обязано проводить политику перераспределения богатства». Таким образом, команда «за» будет доказывать, почему это необходимо, в то время как команда «против» будет приводить контраргументы. В дополнение, команда «за» должна предложить конкретный план воплощения своей идеи в жизнь, опираясь на теоретический и эмпирический материал в качестве доказательств.

3. Слово переходит от команды к команде каждые 4–7 минут, в зависимости от количества участников и их опыта. На протяжении всего времени выступления (кроме первой и последней минуты) представители противоположной команды могут задавать вопросы. Если участник хочет задать вопрос, он должен встать и ждать, пока ему дадут слово. Жюри или судья (преподаватель или специально наделенные правом судить данную сессию студенты) должны показывать участникам время с помощью специальных сигналов.

Сигналы времени

Авторы учебника предлагают показывать время с помощью цветных сигнальных карточек:

1. <u>Желтая карточка</u> поднимается в начале и в конце выступления и означает, что выступающего нельзя прерывать и задавать ему вопросы.
2. <u>Зеленая карточка</u> означает, что представители противоположной команды могут задавать вопросы, а выступающий обязан на них реагировать (принимать или объяснить, почему они отклоняются).
3. <u>Красная карточка</u> сигнализирует о том, что время выступающего истекло и слово переходит к представителю противоположной команды.

Оценка выступлений

Преподавателям предлагается использовать шкалу (см. Appendix B), которая отражает требования Американских советов по обучению иностранным языкам (ACTFL).

Appendix B

ШКАЛА ОЦЕНКИ ПИСЬМЕННОГО И УСТНОГО ВЫСКАЗЫВАНИЯ (МАКСИМУМ 100 БАЛЛОВ)

Критерии	Содержание	Лексика
	Аргументация своего высказывания	Точность, разнообразие, соответствие теме
Удовлетворительно	10–13 баллов Неумение аргументировать свое высказывание: недостаток доказательств, поверхностный анализ проблемы, отсутствие контраргументов.	10–13 баллов Лексика используется неверно: допускаются многочисленные ошибки в значениях, нет разнообразия языковых средств.
Хорошо	14–15 баллов Более или менее успешная попытка аргументировать свое высказывание: приведены некоторые доказательства, сделан некоторый анализ проблемы, приведены контраргументы.	14–15 баллов Ограниченный набор лексики, допускаются некоторые неточности в значениях.
Очень хорошо	16–17 баллов Успешная аргументация своего высказывания: собственная позиция доказана и проанализированы контраргументы.	16–17 баллов Лексика соответствует теме, включает в себя устойчивые словосочетания; используется преимущественно общая лексика, отсутствует специальная терминология по теме.
Отлично	18–20 баллов Впечатляющая аргументация своего высказывания: проанализированы логические ошибки оппонентов и продемонстрировано всестороннее понимание проблемы.	18–20 баллов Лексика отличается точностью, употреблением, разнообразием; используется специальная терминология, соответствующая теме.

Грамматика	Структура высказывания	Общее впечатление
Правильность форм	Логическое построение дискурса	Воздействие на слушателя или читателя
10–13 баллов Множество ошибок в простых и сложных грамматических конструкциях: неправильное употребление категорий времени, числа, падежа, рода и вида.	**10–13 баллов** Набор законченных предложений и несколько логических связок. На письме прослеживается некоторая логика на уровне абзаца; вступление и заключение либо отсутствуют, либо не отвечают логике текста.	**10–13 баллов** Речь довольно трудно воспринимается из-за многочисленных пауз (в устном высказывании) и бессвязности предложений (на письме).
14–15 баллов Правильное использование простых конструкций, незначительные ошибки в употреблении времени, числа, падежа, рода и вида, которые, однако, не затрудняют понимание.	**14–15 баллов** Мысли логически выстроены. На письме наблюдается четкая структура абзаца и связки; дается адекватное вступление и заключение.	**14–15 баллов** Речь связная, но несколько прерывистая, что в некотором роде затрудняет восприятие.
16–17 баллов Правильное использование как простых, так и сложных конструкций, мало ошибок в употреблении категорий времени, числа, падежа, рода и вида.	**16–17 баллов** Все аргументы подчинены единой логике высказывания и образуют единое целое. На письме все абзацы связаны между собой логическими связками; адекватное вступление и заключение.	**16–17 баллов** Речь плавная и воспринимается легко.
18–20 баллов Почти полное отсутствие ошибок.	**18–20 баллов** Дискурс подчинен единой идеально выстроенной логике. На письме оригинальное вступление и заключение обрамляют логически безупречные абзацы главной части.	**18–20 баллов** Речь плавная, выдержана в едином стиле, заинтересовывает оригинальностью идей.

CPSIA information can be obtained
at www.ICGtesting.com
Printed in the USA
BVHW012310030720
582770BV00004B/222